애들아, 밥 먹고 놀자

애들아,
밥 먹고
놀 자

마을 돌봄 이야기

형겊원숭이운동본부

김보민 지음

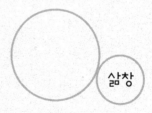

삶창

내 인생을 바꾼 4명의 아이들

헝겊원숭이운동본부 간판을 달고 참으로 많은 사람들로부터 질문을 받았다. 택배 아저씨가 물건을 두고 가다가 발걸음을 돌려 "여기 뭐 하는 곳이에요?" 하고 물어본 적도 여러 번이다. 심지어 유명 포털사이트에 인형, 완구점이라고 소개가 되어 수정한 적도 있다. 인형 만드는 곳이냐는 질문이 가장 많았고 실제로 인형 만드는 자원봉사 하는 곳인 줄 알고 오신 분도 있었다. 헝겊원숭이운동본부는 말 그대로 헝겊원숭이 운동을 하는 단체이다. 헝겊원숭이 운동은 좋은 어른 되기 운동이다. 사실 헝겊원숭이 운동을 소개하기 위해

이 책은 쓰여졌다. 그럼 헝겊원숭이운동본부는 어떻게 시작되었을까?

이 이야기는 아주 오래전으로 거슬러 올라간다. 일찍이 스물다섯에 결혼을 하여 아이 셋을 낳았다. 막내가 태어난 2001년부터 부천시 소사동에서 살았는데 시골 동네 같은 곳이었다. 아이들은 교회 친구, 학교 친구, 동네 친구가 같았고 이웃들과도 친하게 지냈다. 빠듯한 살림이었지만 우리는 아이들을 잘 키우고 싶었다. 셋째가 태어나고 얼마 되지 않아 옆집에 사는 석환이 엄마와 함께 작은 기도 모임을 시작했다. 큰아이가 여섯 살, 둘째가 네 살, 갓난아기까지 있었으나 다행히 옆집에 같은 교회에 다니는 석환이네가 있었고, 석환이 엄마가 일주일에 한 번 아기를 봐주는 승호 엄마와 함께 모임을 시작했다. 석환이 형제는 우리 아이들과 또래였다. 아이들은 매일 같이 놀았는데 근처에 사는 아이들까지 함께 주로 우리 집에서 놀았다. 그러다 보니 엄마들도 우리 집에 자주 오게 되었고 자연스럽게 모임이 커졌다.

3명이 시작한 모임은 나중에 아이들 포함 20명이 넘는 큰 모임이 되었다. 아이들을 키우면서 겪는 어려움을 나누기도 하고 가정에서 벌어지는 여러 문제들을 함께 이야기하고 기도했다. 하지만 무엇보다 엄마들이 좋아했던 것은 밥 먹는 시간이었다. 칼국수, 비빔밥 등 서로 나누어 먹는 식사 시간은 행복한 시간이었다. 우리 아이들이 그 당시를 회상할 때는 "매일같이 재밌었다"고 기억을 한다. 큰아들은 "내가 나중에 부모가 되면 아이를 이렇게 행복하게 해줄 수 있을까?"라는 생각이 들었다고 한다. 모임에서는 아이들과 함께 공원도 가고 미술을 배우기도 했다. 미술을 전공한 아이 엄마가 선생님이 되어 집집마다 돌아가면서 미술 수업을 했다. 그러다가 공부방을 운영해보자는 제안이 나왔다. 어머니 모임을 2년 넘게 하다 보니 저학년이었던 아이들이 자랐고 모임에 참여했던 엄마들이 돈을 벌어야 하는 상황이 생기기도 했던 것이다.

어차피 아이들을 학원이나 공부방에 보내야 하는데 아예 우리가 공부방을 운영하면 어떻겠냐는 것이다. 사실 나는 자신이 없었지만 같이 하자고 제안한 분이 자기가 아이들을 돌볼 테니 나는 공부 가르치는 것만 하면 된다고 하기에 용기를 내었다. 마침 제안하신 분 시아버지 건물에 빈 공간이 생겼고 그곳을 수리해 공부방을 시작했다. 2005년 11월, 엄마마음공부방은 그렇게 문을 열었다. 공부방은 결론적으로 돈을 벌겠다는 목적을 달성하지 못했고 2007년 12월 문을 닫게 되었다.

나는 그곳에서 내 인생을 바꾼 4명의 아이들을 만나게 되었다. 아침에 집안일을 부지런히 해 놓고 나면 점심시간부터 아이들이 온다. 공부와 숙제를 봐주고 간식을 챙겨 주고 아이들과 즐겁게 놀았다. 나는 애초에 공부를 잘 가르치는 선생님은 아니었다. 하지만 아이들과 즐겁게 노는 것은 아주 잘했다. 아이들의 마음을 잘 이해할 수 있었다고 할까. 아무튼 서른여섯의 나는 날마다 아이들과 뒷산에 올라가고 노래를 부르고 간식을 만들면서 즐겁게 놀았다.

　그 시기에 만난 아이들의 이야기를 해보려고 한다.

　2005년 10년간 전업주부였던 나는 2년간 해오던 공동육아 경험을 바탕으로 공부방을 창업했다. 사실 동네에 다른 아이들보다는 우리 아이들을 잘 키우고 싶어서 시작한 일이었다. 2년간 '어머니 모임'이라는 구태의연한 이름으로 시작된 공동육아 모임은—지금 생각해보니 공동육아였는데 당시에는 그냥 아이들하고 재밌게 놀기 위해 만든—3명으로 시작해 나중에는 20명 정도가 참여하는 큰 모임이 되었다. 은행에서 700만 원 대출을 받아 공부방을 꾸미고 아이들을 모집했다. '엄마마음공부방'이란 이름이 촌스럽다고 했지만 나는 '엄마마음'이라는 이름을 고수했다. 스물다섯에 결혼해서 살림하고 아이들 키우는 것 외에 아무것도 모르던 전업주부 생활 10년 만에 시작한 일이었다. 제일 먼저 우리 교회 집사님 아들이었던 철수가 공부방에 왔다. 엄마 아빠와 고등학생인 형은 밤늦게나 집에 왔고 초등학교 5학년이었던 철수는 방과 후에는 혼자 집에 있어야 했다. 철수는 나를 무척 잘 따랐다. 겨울방학이 되자 출근하려고 집 앞에 나가면 철수가 기다리고 있었다.

"선생님, 출근하시죠."

공부방에서도 내가 설거지하면 같이 설거지를 하고 시장을 보러 가면 짐 들어준다며 따라왔다. 일요일에도 저녁 예배 드리러 교회에 가면 문 앞에서 철수가 기다리고 있었다. 철수는 산에 가는 것을 좋아했는데 매일 같이 산에 가자고 해서 덕분에 몸무게가 7킬로그램이나 빠졌다.

"철수야, 아기 때 이야기 좀 해줘."

"저요, 엄마 아빠가 저를 할머니네 집에 데려다 놓았어요. 그래서 너무 슬퍼서 말을 안 했어요. 할머니네 집 앞에서 시냇물만 보고 있었어요."

"정말?"

산에 오르다가 무심코 물어본 질문에 너무나 가슴 아픈 이야기를 꺼내는 철수에게 나는 할 말이 없어졌다. 나중에 엄마에게 그 이유를 물어보니 당시 함구증이 심해서 병원에 언어 치료를 받으러 오랫동안 다녔다고 한다. 사업이 실패해서 세 살이었던 철수를 시골 할머니 댁에 맡길 수밖에 없었는데 그런 줄은 몰랐다며 엄마는 마음 아파했다.

"선생님은 좀 착한 거 같아요."

"고맙다."

"근데 착한 사람 또 있어요."

아이들은 자신들을 이해해주고 이야기를 들어주는 어른들을 착하다고 한다. 아이들과 오랫동안 일을 했던 내 경험에 따르면 아이들은 어떤 어른이 자신을 사랑하는지 정확히 알고 있다.

"그래? 누군데?"

"우리 동네 슈퍼 아줌마요."

"어떻게 해주시는데?"

그곳은 나도 가본 적이 있는, 슈퍼라고 할 수도 없는 작은 구멍가게였다. 그 아줌마는 철수가 집에 혼자 있는 것을 잘 알고 있었다. 그래서 학교 갔다 오면 밥은 먹었는지, 학교생활은 어떤지, 그리고 심심하지는 않은지 늘 안부를 물어주었고 가게 안에서 놀게 해주었다고 한다. 철수에게 나는 좋은 어른이 어떤 어른인지 배웠다. 마음이 따뜻하고 아이를 품어

줄 수 있는 어른, 아이의 말에 귀를 기울여주는 어른이다. 바쁜 부모님 대신 보여주었던 슈퍼 아줌마의 작은 관심이 아이의 마음을 따뜻하게 해주었던 것이다.

엄마마음공부방을 시작하고 얼마 지나지 않아 공부방을 우리 집으로 옮겨야 했다. 같이 시작한 분이 그만두게 되면서 계속 공부방을 운영할지 아니면 접어야 할지 결정을 해야 했다. 하지만 공부방을 좋아하는 아이들이 눈에 밟혀 공부방을 접을 수가 없었다. 베란다 확장 공사를 하고 안방을 비우고 화장실을 수리하고 공부방을 집에서 계속하기로 했다. 아침에 가족들이 나가고 나면 청소 빨래를 하고 아이들을 맞을 준비를 시작했다. 간식도 준비하고 그날 할 프로그램 준비하느라 사람들을 만날 수도 없었고 외출을 할 수도 없었다. 탑에 갇힌 라푼젤처럼 시장 갈 때를 제외하고는 집에 있었다. 하루 종일 아이들 공부 가르치고 채점하고 간식 준비하고 밥먹이고 또 치우고 시장 보고 밥하는 생활이었다. 그때 아이들에 대해 많은 것을 배우게 되었다. 유일하게 쉬는 시간이라고는 오전 시간밖에 없었다.

언젠가 교회 전도사님이 검정고시 봐야 할 아이가 있는데 혹시 봐줄 수 있냐고 물어보셨다. 그 아이가 상혁이다. 상혁이의 사정은 그야말로 대책이 없었다. 엄마가 초등학교 3학년 때 집을 나가고 나서 중학교 3학년 때까지 아빠, 형과 함께 살았는데 아빠와 형이 나가고 나면 학교에 가지 않아 유급이 되었다고 한다. 그러다 아빠가 다쳐서 일을 할 수 없게 되자 살던 집을 비워줘야 하는 상황이 되었다. 이사하는 날 아빠는 아이들을 집 앞에 두고 사라졌다. 하염없이 아빠를 기다리던 아이들은 친척들에게 연락을 했는데 다행히 멀리 사는 고모가 아이들이 살 집을 구해주고 돌아갔다. 고모도 영구 임대아파트에서 딸과 함께 사는 형편이라 상혁이 형제를 거둬줄 수가 없었던 것이다. 상혁이의 형은 당시 스무 살이었는데 아르바이트를 하며 한동안 상혁이를 부양했지만 곧 사라지고 말았다. 결국 상혁이 혼자 월세방에 남겨졌다. 한동네 사시던 마음 좋은 우리 교회 집사님이 상혁이를 교회에 데리고 오셨고 전도사님이 나에게 부탁하게 된 것이다.

처음 본 상혁이는 피곤하고 배가 고픈 아이였다. 어떻게 생활했냐고 물으니 간간이 친척들이 주는 용돈으로 버티면서 살았다고 한다. 상혁이를 데려온 집사님이 다시 중학교를 다닐 수 있는지 알아보기 위해 살던 동네에 가봤다고 한다. 학교를 다시 다니려면 몇 달을 기다려야 한다고 해서 검정고시를 보는 것이 낫다고 판단해 전도사님을 통해 우리 공부방에 오게 된 것이었다. 그러던 중 살던 월셋집을 비워줘야 할 처지가 되었다. 월세를 낼 수 없었으니 당연한 일이었지만 아이는 갈 곳이 없어졌다. 집사님과 전도사님도 안타깝긴 하지만 친척들이 해결해야 하지 않냐고 했으나 상황은 그렇지 않았다. 행방불명된 아빠는 찾을 수 없더라도 엄마한테 가면 되지 않을까? 하지만 엄마에겐 갈 수 없다고 한다. 6학년 때 형하고 같이 엄마가 사는 곳에 찾아갔던 적이 있다고 한다. 우리 집도 생기고 했으니 집에 가자고 이야기하면 엄마가 집에 올 거라고 기대했다. 하지만 집 얘기를 꺼내기도 전에 엄마는 아이들을 돌아가라고 했다. 앞으로 찾아오지 말라고 하면서.

　3년 만에 만난 엄마에게 거부당한 상혁이의 마음이 어떠했을지 상상조차 되지 않는다. 아빠도 형도 사라지고 친척들도 책임지려 하지 않는다는 것을 너무나도 잘 알고 있는 열여섯 살 이 아이를 어쩌면 좋을까. 상혁이 생각을 하면 잠도 오지 않았다. 단순하게 생각해보기도 했다. 밥해주고 빨래해주고 학원만 보내주면 되지 않을까? 우리 집 애들이 아직 어리니까 방 하나 내주고 우리 집에 있게 하면 어떨까? 몇 날 며칠 걱정하는 나를 보고 남편이 허락을 해 9개월 동안 상혁이를 데리고 살게 되었다. 내 예상과는 달리 그 아이를 데리고 있는 것이 너무나 힘들었다. 아침에 깨워서 검정고시 학원에 보내는 것도 힘들었고, 먹고 자고 씻는 일상적인 일에서도 문제가 생겼다. 상혁이는 알아서 할 테니 자기를 좀 내버려 두라고 했다. 내버려 두면 아무것도 하지 않고 새로 사준 휴대폰으로 게임만 했다. 방은 엉망이고 돈이 생기면 피시방엘 갔다. 어떤 날은 집에 들어오지도 않고 전화도 받지 않는다. 당시 초등학교 3학년이던 큰아들이 일기에 다음과 같이 썼다.

'우리 가족이 아닌데 우리 집에 같이 사는 형이 있다. 근데 그 형이 엄마한테 막 대든다. 같이 살게 해줬는데 그 형은 왜 그러는 것일까?'

아이가 보기에도 상혁이의 반항은 이해가 되지 않는 일이었던 것 같다. 검정고시 시험을 하루 앞두고 학원에 오지 않았다는 연락을 받았다. 학원을 빠진 아이는 내내 피시방에서 게임을 하다가 돈이 없어서 가방을 맡겨 두고 왔다고 하며 돈을 달라고 했다. 아이를 앞세워 피시방에 가서 돈을 내고 교회 공부방에 들여보낸 후 금요기도회에 참석하기 위해 예배당에 들어갔다. 답답한 마음으로 자리에 앉아 눈을 감자마자 마음속에서 울리는 소리가 있다.

—시험 보기 전에 목사님한테 기도 받게 해주고, 시험 끝

나면 기타 배우게 해줘라.

목사님께 기도를 받아서인지 공부를 나름 열심히 해서인지 상혁이는 무사히 검정고시를 통과했다. 교회 전도사님께 부탁해서 기타도 배우게 해주었다. 그 후 컴퓨터 학원에 다니며 자격증을 준비하고 있던 어느 날 상혁이가 불을 낼 뻔한 사건이 벌어졌다. 찌개를 데우려고 가스 불을 켠 것을 잊어버리고 밖으로 나간 것이다. 집에 들어와보니 냄비가 다 타서 연기가 나고 있었다. 조금만 늦게 들어왔어도 불이 날 뻔했다. 그동안 별 말 없던 남편이 말했다.

"상혁이 보내."

또다시 고민이 시작되었다. 이 아이를 어디로 보내야 하나? 때마침 기적처럼 20년 만에 연락이 된 언니가 그룹홈을 소개시켜 주었고 상혁이는 그곳으로 가게 되었다. 서운했지만 어쩔 수 없는 일이었다. 잘 지내고 있다는 연락을 받았다. 나중에 상담 심리를 전공한 선생님과 대화를 나누다가 상혁이가 나에게 반항을 한 이유를 알게 되었다.

"그 아이는 반항할 사람이 없었잖아요. 엄마도 버리고 아빠도 사라지고, 친척들도 다 그 아이를 피하고. 선생님이 싫어서 반항을 한 것이 아니고 반항할 대상이 없다가 이제는 반항을 해도 될 만한 사람이 나타나서 반항을 한 거예요. 정말 고마운 일이죠."

지금도 가끔 무모했던 30대 시절, 사춘기를 지독하게 보내던 열여섯 살 소년과 불꽃 튀었던 시간을 생각한다. 얼마나 상처를 받았는지 이루 말할 수 없다.

한참 후 상혁이의 고모가 전화를 했다.

"선생님, 감사해요. 선생님이 너무 잘 해주셔서 애가 버릇없게 행동했을 것 같아요. 애가 그러더라고요, 선생님이 정말 요리 맛있게 해주셨다고. 정말 고맙습니다."

영수의 엄마는 영수를 열일곱 살에 출산했다. 영수의 동생을 낳고 얼마 지나지 않아 엄마는 집을 나가버렸고 영수와 동생 영희는 다섯 살, 세 살의 나이에 아버지마저 잃게 되었다. 영수의 할머니와 친척들은 오랜 고민 끝에 아이들을 시설에 보내지 않고 키우기로 결심했다고 한다. 알코올중독자였던 영수의 아빠는 술로 인해 돌아가셨는데 사는 형편이 넉넉할 리 없었다. 차마 아이들을 시설로 보낼 수는 없었던 할머니는 고생 고생하며 아이들을 키웠다. 내가 아이들을 소개받은 것은 상혁이를 데리고 있다가 그룹홈에 보낸 직후였다. 상혁이 문제로 주민센터 사회복지사하고 친해졌는데 그분이 어느 날 전화를 한 것이다.

"선생님, 괜찮으시면 좀 도와주셨으면 하는 아이들이 있는데요, 할머니가 사춘기 아이 둘을 키우느라 너무 고생하고 계시거든요. 이번에 큰아이가 학교를 그만두게 돼서 할머니가 너무 힘들어 하세요."

대략적인 이야기를 듣고 나는 물어물어 집을 방문했다. 할머니는 고등학교를 일주일만에 그만둔 영수 때문에 이만저만 속이 상한 게 아니었다. 학교를 그만두고 나니 수급자에서 탈락해 생계비 지원마저 끊어진 상황이었고 할머니는 영수가 주민센터에서 연결해준 취업 프로그램에 성실히 참여하지 않는 것도, 집에서 빈둥빈둥하고 있는 것도 보기 힘들어 하셨다. 영수와 인사를 하고 앞으로 어떻게 할 것인지 이야기도 나누고 취업 프로그램에 참여하는 것도 도와주기로 했다. 그 후 한 달 정도 지났을까. 이번에는 영수 여동생 영희가 학교에서 징계를 받게 되어 강제 전학을 갈 처지에 놓이게 되었다는 연락이 왔다. 알고 보니 영희가 학교에서 다른 아이들의 돈을 갈취했다는 것인데, 동네의 노는 선배들에게 상납을 하느라 그랬다고 한다. 학교에서는 피해자가 너무 많이 발생해 다른 방법이 없다고 했다. 나는 할머니와 영희를 데리고 다른 중학교에 전학을 보내기 위해 백방으로 알아보기 시작했다. 하지만 같은 지역 안에서는 영희를 받아주겠다는 학교가 하나도 없었고 결국 서울에 있는 중학교에 보내기로 했다.

영희는 예쁘고 똑똑한 아이였는데 중학교 2학년이었다. 영희는 밤이면 화장을 곱게 하고 시내에서 돌아다니고 가끔은 집에 들어오지 않기도 해서 할머니의 마음을 아프게 했는데 할머니도 한 성격 하시는 분이라 아이들에게 심하게 욕을 하거나 체벌을 심하게 하곤 했다. 한번은 영수가 가출을 했다고 연락이 와 온 동네를 뒤져 어렵게 찾았다. 영수는 할머니한테 맞을 걸 생각하면 차라리 차에 치이는 게 나을 것 같다는 말을 했다. 남매가 모두 학교에 다니지 않고 방황을 시작하니 나도 덩달아 바빠졌다. 매일같이 사고 치는 아이들의 뒤치다꺼리와 할머니의 속상함을 들어주어야 했다.

하루는 새벽 2시에 경찰서에서 연락이 왔다. 영희가 가짜 신분증을 만들어서 주점에 아르바이트생으로 취업을 했는데 미성년인 친구들에게 술을 팔았다는 것이다. 차마 할머니에게 연락을 하지 못한 영희는 친구들이 부모님과 모두 귀가하고 나서도 새벽까지 혼자 경찰서에 남아 있다가 나에게 연락을 한 것이었다. 나는 영희에게 갈 곳 없고 배고프면 우리 집으로 오라고 했다. 그랬더니 매일같이 아이들을 데리고 우리 집에 오기 시작했다. 어느 날은 자고 일어나보니 집에서 5명이 자고 있기도 했다. 그 아이들을 선도한다든지 아니면 올바른 길로 이끌어야 한다든지 그런 생각은 할 수조차 없었다. 내가 할 수 있는 일은 그저 안전하게 보호해주고 밥을 차려주는 정도밖에 없었다. 만일 우리 집에도 오지 않는다면 건물 옥상 같은 곳에서 밤을 새거나 조건만남을 할 것이 뻔하기 때문이다.

한번은 우리 집 앞에 성인 남자들이 차를 몰고 와서 아이들을 불러내는 것이었다. 너무 화가 나서 아이들을 나가지 못하게 하고 밖으로 나가 자동차 보닛을 내리치며 소리를 질렀다. 겨우 열다섯 살짜리 아이들에게 그런 짓을 하다니. 아이들을 보호해주지는 못할망정 이용하다니 너무 화가 치밀었다. 학교도 집도 이 아이들에게는 안식처가 아니었다.

거리에서 떠도는 아이들에게는 위험한 일이 너무나 많았다. 하루에 얼마씩 돈을 상납해야 하는 선배들이 있었고 이들을 이용하려는 어른들은 어디에나 존재했다. 누구 하나 따뜻하게 이 아이들을 보듬어주는 곳은 없었다. 그러던 중 보호관찰 중이었던 영희의 선배가 도피 중이라는 이야기를 들었다. 그 선배 때문에 영희도 계속 집에 들어가지 않고 있었다. 엄청 추웠던 어느 날 우리 집에 온 두 아이가 자는 동안 고민에 고민을 하다가 그 선배의 아빠에게 전화를 했고 그 선배 아이는 소년분류심사원으로 가게 되었다. 영희나 그 아이가 나를 원망하지 않을까 마음이 심란했지만 다른 방법이 없었다. 몇 달이 지난 후 영희와 영희의 선배가 우리 집에 왔다. 소년분류심사원에 있을 때 인터넷 편지를 써주었는데 아이는 그 편지를 보고 펑펑 울었다고 한다. 홍시를 좋아한다는 아이에게 나중에 우리 집에 오면 홍시 먹자고 했던 것 같다. 아빠에게 전화했던 나를 원망하기는커녕 고마워했다. 아이들이 어른들에게 가장 바라는 것은 관심이라는 것을 알게 되었다.

봄이 되어 영수도 다시 고등학교에 가게 되고 영희도 아르바이트를 하면서 대안학교에 연결이 되어 모든 것이 좀 편안해졌다. 그러던 어느 날, 아침 7시에 현관문을 누군가 막 두드리는 소리가 났다. 영수의 할머니였다. 할머니는 다급하게 말을 하셨는데 무슨 이야기인지 알 수가 없었다.

"영수가 경찰에 잡혀갔어."

"아니, 왜요? 무슨 일인데요?"

"뭔 사고를 쳤대요. 여자아이를 건드렸나 봐."

머릿속이 하얘졌다. 할머니 이야기를 종합해보니 영수가 놀러 간 친구 집에 여자애 한 명이 같이 와서 놀았던 것 같다. 남자애들만 6명이 있는 집에 여자아이 혼자 온 것이다. 술을 마시고 놀다가 4명이 여자아이를 성폭행한 것이다. 머리를 한 대 맞은 것 같은 기분이 들었다. 어떻게 해야 할지 아무런 생각이 나지 않았다. 할머니는 다시 학교 잘 다니고 있었는데 왜 이런 사고를 쳤는지 모르겠다며 울고불고 제정신이 아니었다. 나도 마찬가지였다. 일단 피해자와 합의를 해야 하니 돈이 필요하고 선처를 구하기 위해 탄원서도 필요하다고 한다. 내 맘속에서는 아이에 대한 배신감과 분노 그리고 안타까운 마음 두 가지가 동시에 들었다. 다행히 친엄마한테 연락을 해서 돈을 마련했다고 하셨다. 탄원서를 쓰려고 하니 마음이 너무나 복잡했다.

'다 어른들 잘못입니다. 저희가 아이를 잘 돌보지 못하고 가르치지 못해서 그렇습니다. 너무나 씻을 수 없는 잘못을 저질렀지만 아직 열일곱 살밖에 안 된 아이이니 한 번만 용서해주십시오.'

이런 내용으로 탄원서를 적었던 것 같다. 그리고 주변 사람들에게 서명을 부탁했는데 모두들 해줄 수가 없다는 반응이다.

"그런 나쁜 짓을 저지르다니 벌 좀 받아야지. 선생님도 이런 짓 하지 마세요."

"그럼 어떡해요. 학교도 그만두고 감옥 가게 되면 그 아이인생은 이제 끝이잖아요. 할머니는 어떡하구요?"

진즉에 아이에게 관심 좀 가져주지… 할머니 혼자 아이를 키우느라 그 고생을 할 때는 아무도 도와주지 않다가 아이가 사고를 치니 그럴 줄 알았다는 식의 반응이다. 따뜻하게 품어주지 않는 할머니. 친척들. 엄마 얼굴도 모르고 어른들의 따뜻한 관심은 한번도 받아본 적 없는 아이들이 말할 수 없이 가여웠다. 반지하였던 그 집에서는 항상 하수도 냄새가 났다. 아이들의 옷에도 할머니에게도 그 냄새가 났었다. 죄는 미워하되 사람은 구하고 봐야 하지 않나. 눈치는 보였지만 탄원서에 서명을 받고 영수가 학교를 무사히 마칠 수 있도록 매일 기도했다.

이제 영수는 다행히 무사히 고등학교를 마치고 지금은 직장에 잘 다니고 있다. 영희도 결혼을 해 예쁜 아기 엄마가 되었고 좋은 남편을 만나 행복하게 살고 있다. 군포로 이사 오기 전에 아이들에게 용돈을 주고 마지막 인사를 한 것이 기억난다. 멋쩍게 웃으며 꾸벅 인사하던 남매의 모습이 기억난다. 참 다행이다. 이 아이들을 만나지 않았으면 나는 아무것도 모르는 어른이었을 것이다.

요즘도 신문 지상에 가끔 오르내리는 끔찍한 청소년들의

범죄. 그 범죄가 꼭 그 아이들만의 잘못이라고 할 수 있을까? 처벌을 강화하라는 댓글. 과연 약한 처벌 때문에 아이들의 범죄가 늘어나는 것일까?

공지영 작가의 『우리들의 행복한 시간』이라는 소설이 있다. 이 소설은 사형수 이야기를 쓴 것인데 공지영 작가가 이 소설을 쓰기 위해 사형수의 이야기들을 조사했다는 기사를 본 적이 있다. 사형수들은 블루노트라는 것을 작성한다. 자신이 살아온 이야기를 정리하는 것인데 그 블루노트를 공지영 작가가 읽어보았다고 한다. 블루노트를 읽으며, '사람의 인생이 어쩌면 이렇게까지 비참할 수 있을까?' 하는 생각이 들었다고 했다. 비정하고 잔인하고 굳어진 마음. 그런데 사형수들에게 찾아온 교화사가 단팥빵을 주면서 대화를 나누면 그들은 어느덧 어린아이 같은 모습으로 변한다고 한다. 그래서 사형을 당할 때는 착한 사람이 되어 죽는다는 것이다. 90년대 말 이후로 더 이상 사형이 집행되고 있지는 않지만 이 이야기를 들으며 나는 생각했다.

―사형수가 되기 전에 그 아이가 비참한 그 순간에 누군가 단팥빵을 가져다주었다면 그 아이는 사형수가 되지 않았을지도 몰라.

그때 나는 이렇게 기도했다.

'하나님, 그 아이를 만나게 해주세요. 제가 단팥빵을 전해
주는 사람이 되겠습니다.'

1.

사회적 엄마,

또 다른

헝겊원숭이

이야기

2009년 12월 29일, 부천에서 군포로 이사를 했다. 엄마마음공부방을 정리하고 좀 더 공부를 해보고 싶어 대학원에 진학을 했다. 아이들 돕는 일을 계속하고 싶어 자원봉사 자리를 알아보고 있었는데 집에서 슬슬 눈치가 보이기 시작했다. 세 군데 원서를 넣고 기다렸는데 한군데서만 연락이 왔다. 그곳이 바로 기쁨지역아동센터이다. 센터에서는 오후 2시부터 저녁 9시까지 일할 청소년 담당 생활복지사를 구하고 있었다. 면접을 보고 합격하여 2010년 4월부터 출근을 하게 되었다. 군포는 1기 신도시인 산본이 있고 군포역과 금정역을 중심으로 한 구도심이 있다. 내가 일하게 된 기쁨지역아동센터는 군포역에서 도보로 5분 정도 걸리는 구도심에 위치하고 있었다. 기쁨에서 내가 처음 만나게 된 아이들은 초등학교 4학년 남자아이들 6명과 중고등부 아이들이었다. 여기서 만난 아이들은 참 순하고 착했다. 어릴 때부터 센터에서 규칙적인 단체 생활을 했던 아이들이라 그런 것 같았다. 그에 비하면 부천에서 만난 아이들은 야생이라고 생각되었다. 2010년부터 본격적으로 지역아동센터에서 일하면서 이 세상은 아이들을 위한 세상이 아니

라는 것과 아이들을 위해 일하는 선생님들의 어려움을 몸소
체험하게 되었다.

기쁨지역아동센터 이야기

지역아동센터는 공부방에서 시작되었다. IMF 시절 방치
된 빈민가의 아이들을 모아 돌봐주었던 공부방은 2004년에
법제화 되어 지역아동센터가 되었다. 지역아동센터는 민간
에서 시작하여 제도화된 자랑스러운 복지시설이다. 하지만
현실은 녹록지 않았다. 운영비와 급식비라는 명목으로 국가
에서 보조금을 받아 운영하지만 그 밖에 임대료, 시설비 등
은 모두 자부담으로 해결해야 했다. 하지만 영리 시설이 아
닌 지역아동센터가 어떻게 자부담을 한단 말인가. 센터장이
건물주거나 자산가가 아니라면 자부담은 결국 후원금인데
복지관처럼 큰 시설도 아니고 직원도 시설장 포함하여 두세
명인데 후원금을 어떻게 모을 것이며 센터에는 돌봐야 할 아
이들이 있지 않은가.

당시 기쁨에는 아이들이 49명이나 있었다. 야간 교사와 아
동복지 교사까지 포함하여도 교사 한 명이 거의 열 명이 되

는 아이들을 돌보고 있는 셈이었다. 특히 기쁨은 밤 9시까지 운영을 했는데 청소년들이 20명 넘게 있는 바람에 오후에는 초등학생들과 함께 이용할 수 없었기 때문이다. 지금은 호봉 제도 도입되고 처우가 많이 개선되었지만 기쁨에 처음 취직한 2010년에는 100만 원을 받았다. 당시 시설장님과 선임 생활복지사 선생님, 야간 선생님 모두 동일하게 100만 원을 받고 있었던 것으로 기억한다. 지역아동센터는 저소득층이거나 돌봄이 어려운 상황임을 입증해야 다닐 수 있다. 지역아동센터는 아동복지시설 중 유일한 이용 시설이다. 즉 보육원이나 청소년 시설 등의 생활 시설이 아닌 집에서 다닐 수 있는 시설이란 뜻이다. 하지만 아이들은 센터를 거의 집처럼 생각했다. 센터에 다니는 아이들의 부모님들은 센터에 대한 의존도가 매우 높았다. 가정의 형태도 조손가정이나 한부모 가정이 대부분이었기 때문에 일하느라 아이들을 제대로 돌볼 수 없는 상황이었다.

아이들은 센터 선생님들을 엄마처럼 생각했고 선생님들도 아이들을 자기 아이처럼 생각했다. 센터에 다니던 철우는 학교 갔다 와서 센터에 들어서면 항상 그리 크지 않은 소리로 "엄마!" 하고 부르던 것이 기억이 난다. 철우는 돌 전에 엄마와 아빠가 헤어져서 엄마 얼굴을 한번도 못 본 아이였다.

내가 처음 맡았던 초등부 아이들도 부자가정이 대부분이었다. 그러다 보니 아이들은 선생님의 관심을 받고 싶어 할 때가 많았다. 초등부 아이들은 상처가 났다며 밴드를 붙여달라는 일이 많다. 상처가 보이지 않을 정도로 작은 것이 대부분이지만 우리는 아이들 마음을 잘 알기에 모르는 척 붙여준다. 이가 흔들릴 때는 이를 뽑아달라는 아이들도 있다. 생각해보니 기쁨에 있으면서 스무 명 이상의 아이들의 젖니를 뽑아주었다. 중고등부 아이들도 비슷하다. 학교에서 운동하다가 다쳤다면서 파스를 붙여달라거나 교복이 찢어졌으니 꿰매달라고 한다. 체했다고 손가락을 따 달라는 아이들도 있었다. 이를 뽑아주거나 손가락을 따주는 것은 좀 용기가 필요한 일이어서 다른 선생님이 어려워하는 통에 주로 내가 이일을 담당했다. 이런 연유로 센터의 파스와 밴드는 금방 없어졌다.

하지만 아이들이 사랑받고 있다고 느낄 수 있다면 전혀 아깝지 않았다. 선생님들은 아이를 키워본 분들이 대부분이었기 때문에 아이들에 대한 마음이 항상 넘쳤고 때로는 너무나 과해서 문제가 되기도 했다. 지역아동센터에서 가장 중요한 일은 아이들 밥을 먹이는 것이다. 처음 취직을 해서 센터 식사 시간에 대해 나는 어떤 거대한 의식처럼 느껴졌다. 선생님들은 주방에서 배식을 하고 아이들은 밥 먹는 대형으로 테이블을 정리한다. 식사 도우미인 아이들이 행주로 상을 깨끗이 정리하고 나면 배식이 시작된다. 주방 선생님은 아이의 입맛을 모두 알고 있다.

—철수는 밥 많이 줘야지.

—영민이는 닭목 좋아하잖아.

—영희는 국물 좋아해.

밥 양과 좋아하는 반찬까지 배려하는 배식이 모두 끝나고 나면 모든 아이들이 먼저 먹지 않고 기다렸다가 밥 노래를 부른다.

—밥은 하늘입니다. 하늘은 혼자 못 가지듯 밥은 서로서로 나누어 먹는 것.

이 짧은 노래가 얼마나 장엄하게 들렸는지 모른다. 그 후에 아이들은 '잘 먹겠습니다' 인사를 하고 밥을 먹는다. 반찬이나 밥이 부족하면 얼마든지 더 가져다 먹어도 된다. 주방 선생님은 아이들에게 밥을 더 퍼주기 위해 아예 주방에서 식사를 하신다. 밥을 다 먹은 아이들은 식판을 개수대에 담가 놓고 식사 도우미인 아이들은 선생님과 조를 이루어 설거지를 한다. 저학년 아이들은 테이블에 떨어진 음식을 치우고 행주로 훔친다. 설거지는 고학년과 청소년들이 맡아 한다.

매일같이 의식이 반복된다. 다른 센터는 어떻게 하고 있는지 모르지만 나는 기쁨의 식사 의식이 정말 인상적이었다. 식재료에 대한 기준도 명확했다. 될 수 있으면 친환경 식품을 구입하려고 했다. 자원봉사자분들이나 새로운 강사분들이 보고 '우리 집에서도 못 먹는 음식'이라며 놀라곤 했다. 처음 아이들을 위해 시장을 볼 기회가 있었는데 당시 선임이었던 편지영 선생님이 나에게 해주신 말씀이 있다.

"제일 좋은 것을 사세요. 내 아이들 먹이는 거라고 생각하고 고르시면 돼요."

나는 이 말을 지금도 지키고 있다. 아이들에게 가장 좋은 것을 풍성히 주되 남기지 않고 감사한 마음으로 나누어 먹는 방법을 기쁨에서 배웠다.

밥은 아이들에게 정말 중요한 일이다. 아이들은 자라는 생명체가 아닌가. 그러니 밥을 먹는 일은 너무도 중요한 것이다. 그런데 요즘 생긴 다함께돌봄센터에서는 밥을 주지 말라고 한다니 참 알 수 없는 일이다. 센터 근처에 청소년문화의 집이 있다. 청소년시설은 밥을 주는 곳이 아니다. 하지만 그곳을 이용하는 아이들은 늘 배가 고프다고 했다. 당시 한혜경 관장님은 지역에서 후원을 받아 아이들에게 라면과 빵을 먹였다. 아이들 먹이는 것에 대해 죽이 맞았던 관장님과 나는 주민센터에서 후원을 받아 밥버거를 구입해서 배고픈 아이들에게 나눠주기도 했다. 주민센터에서는 군포1동 아이들만 먹여야 한다고 했다. 그러면서 명단을 작성하라고 했다. 그렇지만 금정동, 군포2동 아이들도 같이 있는데 어떻게 군포1동 아이들만 줄 수가 있는가? 우리는 군포1동 아이들에게는 이름을 쓰라고 하고 그냥 다 같이 나누어 먹였다.

지역아동센터는 그 외에도 학습지도, 정서 지원, 체험 등 다양한 사업을 수행하고 있다. 이런 사업을 다 하려면 사업비가 턱없이 부족하기 때문에 선생님들은 날마다 제안서 작성에 매달려야 했다. 기쁨은 청소년 아이들이 있었기 때문에 예산이 더 많이 필요했다. 초등부와는 다른 프로그램을 운영해야 하기 때문이다. 나는 중고등부를 맡게 되면서 제일 먼저 아이들에게 욕구 조사를 했다.

—동아리 하고 싶어요.

—우리끼리 가는 캠프.

공부를 시키고 싶었던 센터장님의 생각과 달리 아이들은 활동에 대한 욕구가 높았다. 센터장님께 허락을 맡고 매주 화요일마다 아이들과 동아리를 했다. 체육 동아리와 요리 동아리 두 개였지만 아이들은 충분히 행복해 했다. 당시 요리 동아리를 내가 맡았었는데 1년 동안 무려 35회나 진행을 했다. 그리고 아이들의 두 번째 바람이었던 중고등부끼리 가는 캠프는 갑작스러운 나들이로 먼저 이뤄졌다. 중간고사 성적이 좋으면 치킨 열 마리를 사주겠다고 센터장님이 공약을 걸었는데 어떤 녀석이 반에서 3등을 하는 바람에 중고등부끼리 가는 나들이로 대신하게 된 것이었다. 우리는 마을버스를 타고 치킨과 김밥을 싸 가지고 근처 납덕골 냇가로 나갔다. 지금도 행복하게 웃던 아이들의 얼굴이 떠오른다. 산야초 담글 풀도 채집하고 족대를 이용해 작은 물고기도 잡았다. 그후에 겨울방학 캠프를 우리끼리 가기 위해 열심히 제안서를 쓴 결과 국립중앙수련원에서 하는 캠프에 당첨이 되어 아이들과의 약속을 지킬 수 있었다.

사회 부적응자들 혹은 선한 사마리아인

어떤 선교사님이 하는 설교를 들은 적이 있다. 어떤 사람이 강도를 만났다. 그래서 가진 것을 다 뺏기고 거의 죽을 만큼 맞고 길에 쓰러져 있었다. 제사장이 마침 그 옆을 지나가게 되었다. 하지만 제사장은 강도에게 당한 그 사람을 못 본 척 지나갔다. 그다음의 레위인 역시 그냥 지나갔다. 마지막에 사마리아인이 지나갔는데 그 사람은 강도 만난 사람을 발견하고 매우 안타까운 마음이 들어 치료해주고 근처 여관에 데리고 가서 간호해 주었다. 다음 날 여관 주인에게 돈을 주며 그 사람을 잘 돌봐달라고 부탁하면서 비용이 더 들면 나중에 돌아오는 길에 자기가 내겠다고 했다.

사실 선한 사마리아인의 비유는 누가 강도 만난 사람의 이웃인지 묻고 있는 비유이다. 제사장이나 레위인은 요즘으로 따지면 목사님이나 스님 같은 성직자이고 사마리아인은 이스라엘에서 멸시받던 혼혈 민족이다. 하지만 이웃이 된다는 것은 어떻게 해주느냐에 달려 있다는 것을 말하고 있다. 선교사님은 요즘 사마리아인처럼 행동할 사람은 없을 것이라고 하면서 사마리아인이 느낀 안타까운 마음의 정도는 원어 성경에 표현에 따르면 창자가 끊어지는 고통이라고 했다. 그러면서 우리는 다른 사람의 고통을 보면서 이런 마음을 느낄 수 없다고 확신에 차서 말했다. 하지만 나는 설교를 들으면서 이 말에 공감할 수 없었다. 나는 아이들의 고통을 자기 고통처럼 여기는 많은 선생님들을 알고 있기 때문이다. 그들은 자신의 손해를 기꺼이 감수하면서 아이들을 위해 모든 것을 내주는 사람들이다. 지역아동센터에서 일하면서 나는 그런 선생님들을 무수히 만났다. 아침 10시에 출근해 매일같이 밤

10시에 퇴근하면서도 아이들 일이라면 물불을 안 가리는 사람들이었다.

생명 감수성은 자본주의에는 몹시 불편한 것이다. 자본주의의 윤리는 투입이 되면 그만큼 결과물이 나와야 하는 것이다. 아이를 돌본다는 것은 끊임없이 투입해야 하지만 당장 결과가 보이지 않는 일이다. 그러니 자본주의와는 맞지 않는 일이다. 우리는 미친 사람들 혹은 사회 부적응자라고 스스로를 평가하곤 했다.

기쁨에서 일을 한 지 1년이 지나고 여름휴가를 다녀왔는데 센터장님이 나에게 센터장을 해보지 않겠냐고 물었다. 원래 센터장으로 예정되었던 선생님이 사정이 생겨서 센터장을 할 수 없게 되었고 본인은 법인에서 일하게 되었다고 하시며 내가 잘할 수 있을 거라며 부탁을 했다. 갑작스러운 부탁이었지만 나는 며칠 고민을 하다가 해보겠다고 답을 했다. 센터장이 되기 위한 준비로 가장 먼저 운전면허를 땄다. 푸드뱅크에서 음식도 받아와야 하고 아이들이 참여하고 있는 관악단 연습할 때 악기도 날라야 하니 승합차를 운전해야 할 것 같았다. 운전면허를 따고 기쁨에 입사한 지 1년 9개월 만인 2012년 1월 센터장으로 첫 출근을 하게 되었다. 그날은 영하 20도로 기온이 내려가서 화장실 수도가 얼어서 터졌다. 그날 변기에서 솟구치는 물줄기를 보며 망연자실했던 기억이 난다. 초보 센터장 하면서 가장 힘들었던 일은 아이들과의 문제도 아니었고 운전하는 것도 아니었다. 행정 서류를 하고 시청 공무원을 만나는 일이었다. 행정 서류에 익숙하지 않았던 나는 밤늦게까지 일을 할 수밖에 없었다. 한번은 이전 센터장님이 담당하시던 야간 보호 예산에서 500원이 맞지 않아 이틀 밤을 샌 적도 있다. 밤 10시가 넘어 센터 사무실에서 숫자가 맞지 않는 회계 서류를 보고 있는데 센터에 다니는 고등학생 현석이가 사무실에 들어온다.

"쌤! 지금까지 뭐 하세요?"

"응, 일하잖아. 500원 때문에 돈이 안 맞아서."

"그 500원 제가 드릴 테니 들어가세요."

현석이의 한마디에 웃음이 터졌다. 그리고 지금 내가 뭐하고 있나 하는 생각이 들었다. 기본적으로 정부나 지원금을 주는 곳에서는 지원받는 단체나 복지시설에 대한 불신을 가지고 있었다. 일단 비리가 있다고 확신을 가지고 있다. 서류는 비리가 없는 것을 증명하는 것이다. 예를 들어 음식 재료를 구입하면 영수증만 있으면 안 되고 사진을 첨부해야 한다. 간식을 21명이 먹었다고 하면 21명이 함께 찍은 사진이있어야 한다. 어떤 지자체에서는 급식 식판 사진을 제출하기도 했다고 한다. 퇴근 후에 비싼 딸기를 왜 샀냐는 주무관의 전화를 받은 선생님은 "선생님도 딸기 먹었어요?"라는 질문을 받고 치욕감을 떨칠 수가 없었다고 한다. 지역아동센터를 운영하면서 가장 속상한 일 중 하나가 이런 취급을 받는 것이었다. 물론 급식비를 빼돌려서 폐쇄가 된 지역아동센터가 가끔 있기도 했다. 하지만 내가 아는 지역아동센터 센터장들은 임대료로 자신의 월급을 털어 넣고 있는 분들이 많았다. 그러면서도 날마다 의심을 받았다.

급식비의 서류에 아이들이 사인을 한다. 밥을 먹었는지 확인하기 위해서이다. 이것도 말이 안 되는 일이었다. 오늘은 몇 명이 결석할 것을 예상하고 밥을 하는 것이 가능한 일인가? 시장을 볼 때 이것을 예상하고 볼 수 있느냐는 것이다. 기쁨의 경우 매일 50명분의 식사를 준비한다. 아이들이 45명 왔으면 나머지 5명분의 보조금을 받을 수 없다. 다행히 지금은 70% 이상 출석을 하면 되는 것으로 바뀌었다고 한다. 어느 지자체에서는 아이들 사인을 점검하면서 대리 서명한 것이 분명하다고 선생님을 추궁도 했다. 아이들에게 밥 먹이면서 서명을 하라고 하는 자체가 선생으로서 미안한 일이다. 그런 마당에 아이들에게 대리 서명을 시킬 사람이 누가 있겠는가? 결국 이 센터장님은 시키지도 않은 대리 서명을 인정할 수밖에 없었다고 한다.

이렇게 비리가 없음을 증빙하기 위한 수많은 서류를 만들고 힘들 줄 알면서 또 다른 제안서를 작성해서 예산을 받으면 일거리는 또 늘어난다. 아이들의 이야기도 들어주고 간식도 챙겨주고 공부도 봐주고 학부모 상담도 하고 가끔 체험활동도 데리고 가야 하는데 이 모든 행위를 죄다 서류로 작성해야 하는 것이다. 이것은 마치 엄마가 아이를 키우면서 해왔던 모든 일들을 서류와 영수증으로 증명하는 것이나 다름없다고 생각했다.

어느 봄날 사무실에서 컴퓨터 앞에 앉아 있는데 새로 들어온 1학년 유미가 나에게 묻는다.

"보민 샘, 왜 맨날 컴퓨터만 해요?"

"유미야. 샘도 컴퓨터 하기 싫어. 너희랑 같이 놀고 싶어. 근데 샘이 컴퓨터 안 하면 돈이 없어. 돈을 벌어야 센터를 운영하지."

지역아동센터 센터장 시절 매년 연말이면 과연 지원금이 얼마가 오를까 조마조마하며 기다렸지만 한번도 시원하게 인상된 적은 없었다. 그리고 나서 1월 보조금이 거의 20일 이후에 나오기 때문에 운영비가 없어서 애를 먹어야 했다. 겨울방학이라 난방비도 많이 들고 아이들은 아침부터 와서 두 끼를 먹여야 하는데 있는 돈 없는 돈 박박 긁어서 쓰고 외상하고… 매년 그 난리를 치렀다. 그 와중에 보일러가 고장 나거나 수도가 얼거나 하는 일이 생기면 정말 앞이 캄캄하다.

2016년 1월 16일

1월이 절반이 지나갔는데 아직 보조금이 입금이 되지 않고 있다. 이거 다 누리과정 예산 부족 땜에 벌어진 일인가?? 이런 적 첨이다. 중앙에서 돈이 내려오지 않았다는 말뿐이다. 가난한 지역아동센터 시설장들은 난리를 치르고 있다. 방학이라 하루에 두 끼를 해 먹여야 하는데. 쌀 떨어질까 봐 조마조마하다.

쌀 300킬로가 많아 보이는가? 우리에겐 방학 두 달도 못 버티는 양이다. 곧 겨울 캠프도 가야 하고 아이들은 왜 멀리 안 가고 가까운 곳으로 가냐며 내 속도 모르는 소리를 한다. 관악단 정기 연주회도 해야 하고 돈 들어갈 일 태산인데 어디서 또 빙을 뜯어야 하나.

급식 담당 선생님과 조리하시는 선생님은 매일 구입 목록을 말씀하시는데 점심 때 볶음밥 위에 놓을 계란프라이 50개, 김치제육볶음 한 번에 6킬로, 외상과 후원금 박박 긁어 쓰고 있는데 담 주엔 입금되려나?

2016년 2월 28일

그거랑 똑같구먼. 너네가 안 해 먹었다는 증거를 대! 해 먹지 않았을 수도 있지만 일단 니들은 잠재적으로 다 해 먹을 놈들이니 그걸 증명해 봐.

10년 전보다 더 늘어난 행정 서류에 요즘은 아예 생활복지사 선생님들은 아이들과 하는 활동보다 컴퓨터 앞에 있을 때가 많다고 한다. 돌봄을 증명하기 위해 서류를 만들고 서류를 만드느라 돌봄은 뒷전인 이 시스템이 이해 되는가? 아이들이 돌봄을 받는다고 느끼는 시간은 돌봄을 제공하는 사람과 상호작용을 하는 그 시간이다. 보통 우리는 아이를 '본다'는 표현을 쓴다. 정말 지켜보기만 하면 아이가 돌봐지는가? 그렇지 않다. 아이에게 끊임없이 반응과 피드백을 해주어야 한다. 반응과 피드백뿐 아니라 적절한 훈육과 교육도 해야 한다. 아이는 성장하고 있는 과정이기 때문에 내가 교육을 하지 않고 돌봄만 할 거라고 해도 아이는 나에게서 배우기 때문이다.

돌봄 정책을 입안하는 사람들은 돌봄은 아무나 할 수 있는 일이라고 여기는 것 같다. 센터장 시절 퇴직 공무원과 경찰까지 프로그램 운영자로 포함된 방과후 돌봄 프로그램 안

내 공문을 보고 아연실색했던 적이 있다. 단적인 예로 아이 돌보미나 야간 교사, 아동복지 교사 등의 선발 기준을 보면 사회적 일자리 즉 취약 계층을 우선 선발하는 기준이 들어가 있다. 물론 그들에게 일자리가 필요하기 때문에 우선권을 주는 것이 맞다. 하지만 아이들 입장에서 생각해 보면 이 기준이 과연 타당한 기준이 될지 의문이다.

누구를 돌보는 일은 엄청난 에너지가 필요한 일이다. 정신적으로나 신체적으로 건강하지 않으면 좋은 기운이 돌봄을 받는 사람에게 전달될 수 없다. 처우도 좋지 않고 일 자체도 끊임없이 에너지를 다른 사람에게 주어야 하는 일이다. 어린이집이나 시설 등에서 벌어지는 학대 사건이 보도될 때마다 처벌과 감시를 강화하지만 근본적인 원인은 어쩌면 여기서 찾아볼 수 있지 않을까 조심스럽게 추측해본다. 돌봄은 누구나 할 수 있지만 누구나 잘할 수는 없는 일이다.

어떤 아이가 있었다. 아빠는 매일 술을 마시고 아이가 사는 집은 공단 한가운데 있다. 아빠는 집 청소는 물론 빨래도 하지 않아 아이는 매일 같은 옷을 입고 다니고 아침에 아무도 깨워주지 않아 늘 지각을 한다. 물론 아이 아빠는 아동학대로 여러 번 신고를 당했다. 분리 조치가 되기도 했지만 아빠는 아이를 잘 돌보겠다고 늘 약속을 했고 아이는 다시 집으로 돌아왔다. 많은 전문가들이 이 사례에 참여했다. 아이에 대한 상담 그리고 아빠에 대한 조치. 하지만 정작 아이를 깨워 학교에 보내고 아이의 옷을 빨아주고 집을 청소해줄 사람은 없었다. 결국 학교 사회복지사 선생님과 지역아동센터 선생님이 돌아가면서 아이를 깨워서 학교에 보내고 아이를 씻기고 옷을 구입해 갈아입혔다. 씻기다 보니 아이의 머리에는 머릿니가 가득했다. 센터에서 연결한 멘토링 선생님이 집에 데려가 아이의 머리를 감기고 머릿니를 잡아주었다. 사례관리와 상담도 중요하지만 아이를 깨워주고 씻기고 머릿니를 잡아주는 일도 중요한 일이다. 아이는 상담에서도 열지 않았던 마음의 문을 멘토링 선생님에게 열었고 '사례관리자와 같은 선생님'인 줄 알고 차마 할 수 없었던 속마음을 털어놓았다고 한다. 엄마가 보고 싶다는 이야기를 하면 아빠가 화를 낸다는 것과 아빠가 화낼 때 무섭지만 그 이야기를 하면 또 아빠와 헤어질까 봐 참았다는 것이었다. 이 케이스에서 돌봄이 일어난 장면은 어디인가? 사례 회의가 중요하지 않다는 것이 아니다. 실제로 아이가 돌봄을 받는다고 느끼는 것은 아이와 상호작용을 하는 그 순간이라는 것이다.

교육 나눔 꿈두레

2012년에 기쁨은 군포시 지역아동센터 거점 센터 역할을 했다. 거점 지역아동센터는 예산을 추가로 지원받고 공동으로 진행하는 교육 사업, 네트워크 조직 사업을 해야 한다. 교육도 추가로 받아야 했는데 그때 경기남부지역에서 일하는 지역아동센터 선생님들을 만나게 되었다. 2012년 경기남부 거점센터 워크숍에서 오일화 선생님을 처음 만났다. 밤새 같은 방에서 아이들 이야기를 하며 초보 센터장이던 나는 선생님의 이야기에 많은 감명을 받았다. 특히 청소년 활동에 대해 많은 경험을 가지고 있어 청소년에 대해 경험이 별로 없던 나는 천군만마를 얻은 마음이었다. 그 이후에 오일화 선생님은 군포로 나를 만나러 오셨고 교사 학교를 같이 만들자고 제안했다. 2013년부터 교사 학교 준비 모임을 하면서 송파에서 '즐거운가'를 운영하는 무지개빛청개구리지역아동센터 이윤복, 엄미경 선생님, 시흥에 푸른지역아동센터 정경, 백재은 선생님, 부천 샘터지역아동센터 박희주 선생님, 성남 함께 여는청소년학교지역아동센터 오일화 선생님, 권정수 선생님 그리고 군포 기쁨지역아동센터에서 내가 합류하게 되었다. 지역아동센터를 운영하면서 아이들 때문에 마음 아프고 아침부터 밤까지 힘들게 일하면서 어디 나가서는 전문가 대접도 못 받는 선생님들의 처지는 어디나 별반 다름이 없었다.

—우리가 하는 일의 본질은 무엇일까?

—사례관리나 상담, 제안서를 기가 막히게 작성하는 것만 전문가라고 하는데 아이들 돌보는 우리는 왜 전문가가 아닌가?

준비 모임을 하면서 우리는 우리의 정체성에 대해 끊임없이 토론을 했다. 그러면서 교육과정이 만들어졌다. 우리는 돌봄노동을 하지만 우리가 만나는 대상이 아이들이기 때문에 돌봄교육을 해야 한다는 것 그리고 돌봄은 돌봄을 하는 사람과 돌봄을 받는 사람과의 관계가 매우 중요하다는 것에 동의했다. 우리는 우리의 처우를 개선하기 위해 무언가 노력을 하거나 보조금을 주는 공무원들의 갑질을 막아본다든가 하는 계획은 세우지 않았다. 다만 아이들과 함께하는 선생님들에게 잘하고 있다고 인정해주고 아이들을 위해 더 좋은 선생님이 될 수 있는 교육과정을 만들었다. 우리는 교사 학교 이름을 '쉼과 배움으로 함께하는 교육 나눔 꿈두레'라고 지었다. 꿈두레는 오일화 선생님이 제안한 이름인데 '꿈 네트워크'라는 의미이다. 오일화 선생님은 학교 밖 아이들을 위해 오랫동안 일을 했고, 대안학교인 이우학교의 함께여는교육

연구소에서 교육 운동을 해오신 분이다. 오일화 선생님의 가장 훌륭한 점은 고통을 마다하지 않고 아이들에 대해 한결같은 따스함을 가졌다는 것이다.

―우리는 항상 말랑말랑한 마음을 가져야 해. 그래서 어떤 아이들이 오더라도 잘 받아줄 수 있도록.

지역아동센터에서 일하면서 하도 가슴 아픈 일이 많아 이제는 마음이 좀 무뎌졌으면 했는데 그녀의 생각은 단호했다. 어떤 아이에 대해서도 함부로 이야기하지 않았고 아이의 말에 귀를 기울였다. 덕분에 그녀는 날마다 울면서 고통을 받았다. 교사 학교 꿈두레 역시 오일화 선생님의 영향으로 더 좋은 돌봄 교사가 될 수 있는 교육을 하는 곳으로 방향성을 잡게 되었다.

꿈두레에서는 아이들을 위한 사업도 진행했는데 가장 대표적인 사업은 제주청소년평화기행이다. 2016년부터 2019년까지 매년 8월에 아이들을 데리고 제주도에 갔다. 교육 나눔 꿈두레에서 주최한 이 행사는 첫해에 '나의 첫 비행'이라는 주제로 청소년들에게 제주도 여행의 기회를 준 것으로 시작해 2017년부터는 중학교 2학년으로 참가 자격의 제한을 둔 프로젝트로 업그레이드되었다. 거의 일주일 동안 제주도에서 있으면서 걷기를 3일 동안 하고 나머지는 다양한 체험 활동을 한다. 서울, 성남, 군포, 시흥, 부천 등 각지에서 온 아이들은 서로 친구가 되었고 새로운 경험을 할 수 있는 기회를 가졌다. 북한도 무서워한다는 반항기 가득한 중학교 2학년이었지만 제주도 프로젝트를 다녀오고 나면 아이들이 훌쩍 성장해 있곤 했다. 중1 때까지 순하던 아이들도 중2가 되면 눈빛부터 달라진다. 자전거 동아리의 철이도 중2가 되자 달라졌다.

"샘. 여자들은 군대 안 가잖아요, 남자는 군대 가는데. 그래서 저는 나중에 결혼하면 일 안 하고 살림할 거예요."

"그래? 근데 니 색시가 좋아할까 모르겠네."

"아, 샘. 혹시 페미예요?"

"어. 나 아주 골수 페민데."

"뭐, 메갈만 아니면 되죠."

세상을 다 아는 척 거들먹거리고 인터넷에서 주워들은 논리를 펼친다. 페미니스트가 뭔지도 모르면서 무조건 나쁜 거라고 배운 아이들. 하지만 이것도 다 때가 있는 것을 우리는 알기에 아이들이 귀엽기만 하다.

제주평화기행 첫해인 2016년에 생긴 일이다. 우리는 강정 평화대행진에 참여하여 하루 종일 걷다가 월대천에서 점심을 먹고 쉬고 있을 때였다. 그늘에 누워 자고 있는데 갑자기 아이들의 수군수군하는 소리가 들린다.

"화장실에서 안 나오잖아."

"무슨 일 있는 거 아니야?"

"쟤, 과학 프로그램 때 봤어. 군포 애야."

군포 소리에 정신이 번쩍 들어 일어났다. 누군가 공공 화장실에서 나오지 않고 있다는 것이었다. 그 아이는 군포에서 온 아이였고 나는 선생님들을 깨워 아이에게 무슨 일이 일어난 건지 알아보았다. 아이는 찬물에서 물놀이를 하다가 배가 아파 화장실에 갔는데 그만 바지에 실수를 하고 만 것이다. 갈아입을 옷이 없던 아이는 나오지 못한 채 계속 화장실에 있을 수밖에 없었다. 옷 가방을 모두 버스에 실어 보낸 바람에 갈아입을 옷이 없어 송파 복실 선생님 반바지를 빌렸다. 무사히 사건이 마무리되고 우리는 안심하며 웃었다. "중학생들을 데리고 가도 마찬가지구나." 센터 아이들이 가장 좋아하는 프로그램은 캠프와 체험인데 캠프를 가면 밤에 오줌 싸는 아이, 차에서 멀미하는 아이들이 꼭 있었다. 중학생들은 괜찮을 줄 알았는데 어김없이 사고가 일어난 것이다.

프로젝트 당시에 제주에서 도와주는 좋은 어른들이 많았다. 100명이나 되는 아이들을 데리고 제주 여행을 하다 보니 꽤 많은 금액을 후원 받아도 예산이 부족했다. 우리는 급식비 카드, 후원금 카드를 각자 가져와 쪼개서 결제하고 숙소는 청소년수련원을 주로 이용했다. 아이들에게 고기를 먹이고 싶지만 식당을 가려니 비용이 어마어마했다. 첫해에 꿈두레 교장 선생님이셨던 박찬식 선생님 지인분들이 육지 아이들 온다고 돼지고기를 30킬로그램이나 숙소로 보내주셨다. 고기 왔다고 좋아하는 우리의 모습을 보던 오일화 선생님이 어이없다는 표정을 하길래 "미친년 원!" 하고 내가 소리치자, 박희주 선생님이 "미친년 투!" 한다. 꿈두레 모임을 하면서 아이들을 위해 뭐든지 하는 미친 사람들이 각 지역에 있는 걸 알았다고 했더니 그럼 우리는 미친년 클럽이냐고 했던 기억이 떠올랐기 때문이었다.

바닷가에 놀러 간 아이들이 돌아오기 전에 숙소에 있던 나와 희주 선생님이 삽겹살 파티 준비를 했다. 장을 보고 우리는 거대한 불판에 숯불을 피워 고기를 굽기 시작했다. 100인분의 고기를 굽느라 얼굴은 벌겋게 익었지만 아이들은 실컷 고기를 먹었고 즐거운 장기 자랑 시간을 가졌다. 다음 날 모든 일정을 마치고 공항 가는 버스를 타기 위해 줄지어 재잘대며 가는 아이들을 보고 갑자기 오일화 선생님이 울컥했다. 옆에 있던 다른 선생님도 나도 갑자기 눈물을 주체할 수가 없다. 우리는 결국 버스를 탈 수가 없었다. 렌터카에서 우리 왜 우냐며 서로에게 물었지만 답을 할 수 없었다. 청명한 제주도의 자연 속에서 그저 아이들이 행복한 모습이 좋고 그 아이들을 지극히 사랑하는 선생님들의 모습이 말할 수 없는 감동으로 다가왔던 것 같다. 아이들이 너무 많이 먹는다고 타박하면서도 간식 하나라도 더 챙겨주고 아이들이 사고 쳐서 다른 사람들이 아이들 욕을 하면 "우리 애들 안 그렇다"고 맞서 싸우고 남들 신나게 노는데 못 어울리는 아이를 보면 속상하다가도 아이들이 춤추고 신나게 놀면 행복한 것이 선생님들이었다.

바보야, 문제는 헝겊원숭이야

2014년 겨울 첫 번째 워크숍에서 처음으로 김진경 선생님의 강의를 듣게 되었다. '바보야, 문제는 헝겊원숭이야'. 가평 취옹예술관에서 처음 들은 강의는 전혀 새로운 이야기였다. 그해부터 아하교육 과정은 전국에서 시작되었다. 교육이 필요하다고 요청하는 곳이면 어디든 찾아가 교육을 했다. 이 모든 사업을 실행할 수 있었던 것은 꿈두레를 지원해 준

한석원 선생님 덕분이었다. 한석원 선생님은 유명한 일타 수학 강사로 2013년부터 꿈두레를 지원해주셨다. 그리고 초기에는 박찬식 선생님이 교장 선생님을 맡아주셨고 김진경 선생님과 오철수 선생님 등 여러 전문가분들이 강사로 나서 준 덕분에 지역아동센터에서 일하는 우리는 편안하게 혜택을 누릴 수 있었다.

아하교육을 하면서 수많은 지역아동센터 선생님들을 만났다. 서울과 경기도는 말할 것도 없고 강릉, 제주, 해남, 천안, 춘천, 구미, 삼척 등 여러 곳을 다녔다. 전국에서 만난 지역아동센터 선생님들의 상황도 우리와 별반 다를 바 없었고 아이들 걱정에, 센터 운영에, 행정 서류에 치이는 일상은 매한가지였다. 아하교육 강좌를 들으면서 많은 선생님들이 눈물을 흘리셨는데 '내가 잘 하고 있다는 것을 인정받은 것'과 '아이들의 이야기뿐 아니라 나의 이야기를 할 수 있다는 것'에 감명 받았다고 소감을 밝혔다. '엄마 사상'을 강의하던 시인 오철수 선생님이 심화 과정으로 시 쓰기 수업을 제안하셨다. 전국의 지역아동센터 선생님들의 이야기를 접하면서 "이런 이야기는 어디서도 들어본 적이 없는 이야기"라며 꼭 기록되어야 한다고 했다. 우리는 전국을 다니면서 선생님들의 이야기를 모았다. 그래서 엮은 시집이 『봄흙처럼 고와라 사회적 엄마』, 『한라산을 열 번 오른 아이』다. 첫 번째 책은 꿈두레에서 만들었지만 두 번째 책은 오철수 선생님이 주변의 도움을 받아 만든 책이었다.

사회적 엄마

'사회적 엄마'라는 말은 꿈두레 시 쓰기에서 나온 말이다. 첫 번째 시집의 제목이기도 하고 오철수 선생님이 쓰신 『사회적 엄마의 사랑법』이라는 책에서도 사용되었다. 책의 머리말에는 "교사 학교 강의를 1년간 하고 지역아동센터 선생님들을 사회적 엄마라고 부르는 것이 좋겠다고 생각했다며 가장 큰 이유는 이들이 사회 취약 계층의 아이들을 엄마처럼 돌보고 있으며 사실상 사회 가장 낮은 곳에서 사회 안전망 역할을 하기 때문"이라고 쓰고 있다.

지역아동센터 선생님들 말고 아이들을 돌보는 사람들 중에도 사회적 엄마는 어디에나 있다. 드림스타트는 사례관리 기관이다. 공무원은 아니지만 무기 계약직인 사례관리자들이 있다. 0세에서 13세까지 취약 계층 아이들의 건강, 정서, 학습에 대한 지원을 위해 가정방문과 다양한 자원 연결 등 전문적인 업무를 수행하지만 시청 직군 분류상 주차 요금 징수원이나 청소, 공원관리과와 같이 분류가 된다고 한다. 전혀 전문가로 인정받지 못하는 것이다. 경력조차 인정되지 않는 무기 계약직인 선생님들이 담당 아이들을 위해 하나라도 더 챙기기 위해 애쓰는 것을 보면서 공무원들은 이해를 못해서 '왜 저렇게 열심히 하냐'는 소리를 하기도 한다. 어디서 일을 하든 다 같이 아이들을 위해 사는 사람들이다. 자식 입에 먹을 것 하나라도 더 넣어주고 싶고 좋은 것을 보면 하나라도 더 챙겨주고 싶은 마음은 엄마와 다름없다. 이러한 사람들이 없었으면 우리 아이들이 잘 자랄 수 있었을까 싶다. 기쁨에서 초등학교 4학년 때 만났던 대훈이가 고등학교 졸업 기념으로 아이들과 모임을 하고 집에 가는 택시 안에서 나에게 말했다.

"선생님은 엄마였잖아요. 우리한테 선생님은 엄마였어요."

2023년 2월 16일

튀르키예 강진의 소식이 전해지던 즈음 우리나라에서는 한 아이의 죽음이 보도되었다. 온몸에 멍이 든 채 죽은 12살 아이는 부모의 학대로 죽음을 맞이했다. 아이는 필리핀 유학의 명목으로 지난 11월부터 학교에 가지 않는데 학교에서는 특별 관리 대상으로 지정하여 관리해왔다고 했으나 사건이 나기 6일 전까지 계모와 통화를 했을 뿐 가정방문은 하지 않았다. 엄마에게 전화를 걸었고 아이를 바꿔줬고 아이의 소재가 파악되었으니 학교는 문제가 없다고 생각했지만 6일 후 아이는 사망했다. 사건이 보도되던 날 티비에서 경찰과 동행해서 아이의 안전을 확인하는 방법이 있다는 전문가의 의견을 들으며 답답한 마음이 들었다. 불과 얼마 전 군포에서 아이들에 대한 사례관리를 하는 선생님의 하소연이 기억났기 때문이다. 선생님이 담당했던 대상자 중에서 학교에 보내지 않고 홈스쿨링을 하는 아이가 있었다. 보호자와는 통화를 했지만 한 번도 아이와는 통화한 적도 만나본 적도 없었던 선생님은 보호자에게 아이를 직접 만나게 해 달라고 요청했다. 여섯 번의 요청 끝에 아이를 만난 선생님은 아이에게 학교에 가고 싶지 않은지 물었다. 그러자 아이는 가고 싶다고 작은 소리로 대답을 하다가 보호자의 눈치를 보더니 대답을 바꾸었다. 선생님은 아무래도 홈스쿨링을 한다고 하지만 교육적 방임이 의심되어 경찰에 협조 요청을 했다고 한다. 며칠 후 경찰에서 연락을 받고 선생님은 절망할 수밖에 없었다고 한다. "뭐 이런 일로 신고를 해서 바쁜 사람을 힘들게 하냐"는 대답과 함께 보호자가 대안학교에 보낸다고 통화했다며 핀잔을 주었다고 한다. 가정방문을 해서 아이를 만나보기는 커녕 엄마와의 전화 한 통으로 끝낸 것이다. 이것이 우리의 현실이다. 인천 사건에서 매뉴얼대로 가정방문만 했어도 아이는 살릴 수 있지 않았을까? 그런데 이 사건이 아주 멀리 있는 사건이 아닐 수도 있다는 생각이 든다. 어른들의 작은 무관심이 쌓이면 아이들은 살 기회가 없다. 지진 잔해 속에서 살아난 생명을 기뻐하듯이 우리 마을의 아이들을 살리기 위해 어른들은 노력해야 한다.

2.

아이들

이야기

부모는 뭐 하냐구?

　며칠 전 남자친구와 놀러 다니느라 두 살짜리 아들을 죽게 만든 엄마의 이야기를 텔레비전을 통해 보게 되었다. 올해도 어김없이 아이들의 죽음 소식이 끊이질 않는다. 돌보지 않아서 죽고 때려서 죽고 학교 앞에서 교통사고로 죽고 어른들의 부주의로 인한 사고로 죽음을 당하는 아이들. 아동학대 처벌 수위는 갈수록 강력해지고 신고도 이뤄지지만 이런 사건들이 줄어들지 않는 이유는 무엇인가? 가정 내 체벌도 이제는 범죄다. 하지만 여전히 가정 안에서 벌어지는 일에 대해 우리의 손길은 닿지 않는다.

　센터에 다니던 민수는 아버지와 함께 고시원에서 살고 있었다. 중학생이 된 민수는 고도비만이었다. 엄마가 민수를 낳고 아빠와 헤어지자 아빠 혼자 민수를 키울 수밖에 없었는데, 아이를 제대로 먹이고 돌보는 일이 힘들었던 것이다. 센터에 온 아이는 영양이 부족했는지 온몸에서 냄새가 심하게 나고 먹을 것에 집착이 심했다고 한다. 센터장님이 한약을 해 먹여야 하나 고민할 정도로 발 냄새가 나서 걱정을 했지만 센터에서 몇 년 잘 먹고 생활하자 좋아졌다. 한번은 중고등부에서 연극을 보러 갔다. 연극이 시작되고 조명이 꺼지자 민수가 나를 불렀다.

"선생님, 무서워요. 답답해요."

나는 연극이 끝날 때까지 민수 옆에서 민수를 진정시켜주어야 했다. 민수는 어두운 게 싫다고 했다. 아빠가 주말이면 만 원짜리 한 장을 주고 외박을 하곤 했는데 그 시간이 너무 길고 무서웠던 기억 때문이다. 어린아이가 혼자 견뎠을 시간을 생각하면 무척 마음이 아프다.

석민이의 엄마는 열일곱 살에 석민이를 낳았다. 하지만 석민이를 포기하지 않고 키웠다. 석민이는 자라면서 센터와 학교에서 온갖 문제를 일으켰다. 나는 석민이가 5학년이 되던 해에 멘토링으로 아이를 만나게 되었다. 석민이와 만들기도 하고 뜨개질도 하고 영화도 보러 가고 드라이브도 했다. 석민이는 우리 사무실에 있는 텔레비전을 보고 나에게 말했다.

"쌤, 왜 티비 안 틀어요?"

"티비 틀고 어떻게 일을 해. 쌤은 원래 집에서도 티비 잘 안 봐."

"나는 무조건 티비부터 트는데. 안 그러면 너무 무서워요. 게임할 때도 티비는 틀어요."

센터가 끝나고 집에 돌아가도 퇴근이 늦은 엄마는 집에 오지 않았고 석민이는 늘 혼자였던 것이다. 사례관리 회의를 하면서 석민이 엄마 이야기를 들었다. 남자친구가 계속 바뀌고 있고 아이도 제대로 돌보지 못하면서 놀러 다니는 엄마라는 뉘앙스가 느껴졌다. 하지만 이제 30대 초반인 그녀에게 아들만 바라보며 살라고 하는 것은 너무 가혹한 일이 아닌가? 그래도 그녀는 아이를 포기하지 않고 자기가 책임지고 키우고 있다. 다른 엄마들처럼 음식을 잘 해주고 같이 있어주지는 못하지만 나름 최선을 다하고 있다. 좋은 이웃이 그녀를 좀 도와주면 좋지 않았을까? 민수 아빠도 마찬가지다. 이웃들이 조금씩 민수를 봐줬으면 어땠을까? 센터와 방과후를 좀 더 오래 운영하고 아이 돌보미를 부르고 하는 것에는 한계가 있다. 늦게 센터에 남아 있는 아이들은 안전하기는 하지만 행복하지는 않다.

마을이 사라지고 아이들은 더 방치되고 있다. 부모들이 나빠서가 아니다. 우리나라의 노동환경이 그렇다. 아이들이 청소년이 되면 문제는 더 심각해진다. 아이들만 두고 지방에 가서 일하시는 부모님들이 생기는 것이다. 이제는 컸으니 혼자 있으면서 학교 다닐 수 있다고 여기는 것이다. 청소년이 되어도 아이들에게 돌봄이 필요한 것은 마찬가지다. 3형제만 사는 집이 있다. 2022년 폭우가 쏟아지고 집에 물이 새서 곰 팡이가 피고 전등이 전부 나갔다고 해서 수리해주러 갔는데 고등학생 2명, 중학생 1명이 살아도 집은 엉망진창이었다.

가족 나들이 프로그램을 몇 년 동안 운영했었다. 만족도가 아주 높은 프로그램이다. 만족도 설문에 항상 '다음에는 일요 일에 하면 좋겠다'는 답변이 나온다. 토요일은 응당 쉬는 날 이라고 생각했지만 우리 아이들 부모님들 중에는 토요일에 도 당연히 일하는 분들이 많았다. 우리나라 돌봄 문제를 근 본적으로 해결하려면 비정규직을 철폐해야 한다고 강의할 때 이야기하곤 한다. 노동환경이 좋아진다면 부모님이 일찍 퇴근하실 것이고 아이들은 혼자 있지 않아도 될 것이다. 노 동환경이 쉽게 바뀌지는 않을 것 같아 실현 가능한 한 가지 방법을 제시하자면 마을이 함께 아이들을 키우는 것이다. 밥 먹고놀자 식당처럼 아이들이 함께 저녁밥도 먹고 놀 수 있는 공간을 동네마다 만들면 많은 문제가 해결될 수 있다고 생각 한다. 밥먹고놀자 식당은 지역아동센터처럼 자격을 확인하 고 등록해서 다니는 곳이 아니라 누구나 아이들이면 이용할 수 있는 곳이다. 아이가 필요할 때 와서 머물다 갈 수 있다. 친구들도 있고 보호해주는 어른들도 있다. 후원금과 지역 분 들이 가져다주시는 쌀, 양념, 간식거리 등으로 운영되고 적은 수고비를 받고 활동가들이 조리를 맡아 하고 있다. 비용으로 계산하면 엄청난 비용이 들어가지만 마을에서 십시일반으로 운영한다면 비용은 훨씬 적게 들면서 큰 효과를 낼수 있을 것이다.

2019년 5월 23일

어떤 엄마들이 있다. 십대 시절에 임신을 해서 아이를 낳았고 열심히 성실히 잘 키우고 있다. 하지만 부족한 점이 너무 많다. 당연히 아이가 커갈수록 엄마는 어렵다.

6학년 아이들이 모여 이야기를 한다. 6학년이면 열세 살이다.

"우리 엄마는 마흔 살이야."

"우리 엄마는 서른두 살인데."

(옆에 있던 어른들 당황. 아이들은 평온.)

고등학교 때 친구가 나에게 조용히 이야기해준 적이 있다.

"우리 엄마는 열일곱살 때 나를 낳았어. 그래서 유치원 때까지 다들 누나인 줄 알았어."

왜 그 친구는 나에게 비밀을 말해주듯이 그 이야기를 했을까? 그때는 아무 생각이 없었다. 하지만 지금은 너무 잘 이해한다. 십대 시절에 아이를 낳은 어린 엄마들에 대한 시선이 결코 부드럽지만 않다는 것을. 출산율이 바닥을 치고 있으니 아이를 많이 낳아야 한다고 주장하는 사람들, 태아도 생명인데 낙태는 안 된다고 하는 사람들이 있다. 그러나 현실에서 원칙을 주장하는 그들은 그녀들에게 좋은 이웃이었는가? 열네 살짜리가 낳은 아이가 있다. 그 아이는 세상에서 가장 입이 거친 초등학교 1학년이라고 한다. 엄마나 할머니에게서 또 주변 사람들에게서 그 아이가 어떤 말을 듣고 자라났을지는 상상에 맡긴다. 대부분 아빠들은 없는 경우가 많다. 그러다 보니 이 어린 엄마는 외롭고 힘들다. 사람들의 따가운 눈초리가 버겁다. 젊으니 남자친구가 자꾸 바뀔 수 있다. 어리니 양육이 서툴 수 있다. 하지만 그들은 보호를 받아야 할 사람들이지 판단의 대상이 아니다.

엄마품 멘토링을 하시는 좋은터 김연희 국장님은 사람들에게 사례 발표를 하면서 이렇게 말씀하셨다.

"'청소년 한부모'라는 단어가 있는 줄 몰랐습니다. 그 엄마들은 정말 훌륭하고 대단한 사람들이라고 생각합니다. 생명을 포기하지 않고 이렇게 낳아 키웠으니 말입니다."

이렇게 생각해주는 좋은 이웃이 있다면 그녀들은 안심하고 아이를 잘 기를 수 있을 것이다. 긴긴 시간 어렵고 힘들게 했을 아이를 낳겠다는 그 선택을 어린 엄마들은 후회하지 않았을까? 아이 나이만큼의 세월 동안 그들을 후회하게 만든 것은 생각 없는 우리가 아니었을까?

정말 화나는 부모들도 있다. 드라마 〈더 글로리〉에서 동은 이 엄마처럼 자식 생각을 눈곱만큼도 하지 않는 것 같은 부모들도 있다. 아빠 혼자 어린 아이들 키우느라 야간 일을 하면서도 틈틈이 같이 야구를 하고 놀아주는 아빠도 있고 엄마들보다 살림을 깔끔하게 하는 아빠도 있다. 아빠가 끓여준 된장찌개가 제일 맛있다는 아이들도 있었다.

엄마랑 아빠가 이혼하고 할머니 집에서 살게 된 명수 형제는 모든 의욕이 없었다. 공부도 운동도 먹는 것도 시큰둥했다. 명수 동생 명호는 내가 맡은 4학년이었는데 수학 문제를 풀라고 하면 이런 말을 했다.

"할 줄은 아는데 귀찮아요."

명수가 초등학교를 졸업하고 중학교에 입학 후 센터로 할머니가 찾아오셨다. 할머니는 아빠 이야기를 하며 분통을 터뜨렸다. 할머니의 얘기를 들어보니 화가 날 만도 했다. 아빠는 아이들을 본가에 맡겨놓고 동거녀와 동거녀의 아이 셋과 함께 산다. 아빠가 한 달에 아이들 양육비를 보내줘서 할머니는 아이들을 태권도 학원에도 보내고 필요한 일에 사용하고 있었는데 어느 날 아빠의 동거녀가 할머니에게, 집을 담보로 대출을 받아 사업 자금을 지원해 달라는 무리한 요구를 했다고 한다. 할머니는 수입도 없고 집 하나 있는데 대출을 해줄 수 없다고 하자 아빠는 양육비를 끊어버렸다. 할머니는 아이들을 더 이상 태권도 학원에 보내줄 수가 없었다. 아무튼 아빠와 그 여자분은 아파트를 구입해 입주를 한다고 했다. 아이들은 아파트로 이사 갈 날만 기다리고 있었는데 아무 소식이 없다. 하루는 아이를 불러 물었다.

"이사 언제 가?"

"이사했어요."

"너희는 안 가?"

"네."

"너 속상하지 않아? 샘은 무지 속상한데!"

"괜찮아요."

그전에도 그랬다. 항상 토요일이면 아빠를 기다렸다. 그래서 센터에서 하는 체험 활동에도 자주 빠졌다. 월요일에 물어보면 아빠는 오지 않았다. 그러다 가을 즈음 할머니가 갑자기 돌아가셨다. 췌장암이라고 했다. 아이들은 누가 지켜줄까? 장례식장에서 속상해 많이 울었다. 아이들은 그래도 잘 자라주었다. 명수가 명호 중학교 졸업식에 갔다 와서 아빠 이야기를 해주었다. 아빠는 그 이모와 헤어졌고 아파트는 그 이모가 차지했다. 아빠는 명수에게 "절대 여자 믿지 말라"고 했다고 한다. 나는 어이가 없었지만 한편으로 명수 아빠가 불쌍하기도 했다. 명수는 착하고 예쁜 여자친구를 만나 취업도 하고 잘살고 있다. 관악단 연주회에서 만난 명수는 회사에서 주임이 되었다며 나에게 자랑을 하기도 했다. 명수를 잘 보살펴 준 여자친구에게 센터 선생님들은 감사한 마음을 가지고 있다. 센터에서 중고등부 아이들을 모아놓고 우리 엄마가 나에게 자주 해주던 이야기를 했었다.

"부모 복은 없어도 결혼을 잘하면 된다. 결혼은 새로 태어나는 것이야."

미정이는 엄마와 둘이 사는 아이였다. 센터 선생님들은 그 아이가 나중에 은둔형 외톨이가 될까 늘 염려했다. 아이는 말수가 적고 의욕이 없어 보였다. 처음 만났을 때 중학교 3학년이었던 아이는 작은 목소리로 '무서워요'라고 나에게 말을 걸었다. 뭐가 무섭냐고 하자 집에서 벌어지는 일들이 무섭다고 했다. 엄마 아빠가 이혼하기는 했지만 아직도 갈등이 있는 것 같았다. 추석이 얼마 남지 않은 어느 날 시골 가느냐고 묻자 미정이는 고개를 끄덕인다.

"누구랑?"

"엄마랑…. 어이없게도 아저씨요."

여기서 아저씨란 엄마의 남자친구를 말한다. 아이들과 이야기하다 보면 족보가 헷갈리는 경우가 많다. 자주 등장하는 아저씨 혹은 삼촌은 엄마의 남자친구일 수 있고 때로는 할아버지라고 하는 아이들도 간혹 있다. 이모는 거의 엄마의 동생이 아니라 아빠의 여자친구다. 미정이의 엄마는 작은 집에 남자친구를 데려와 지냈다고 한다. 미정이는 엄마 남자친구가 오는 것이 무척 싫었던 것 같다. 미정이는 선생님들의 걱정과 달리 은둔형 외톨이가 되지 않았고 고등학교를 마치고 취업을 했다. 미정이가 취업했을 때 엄마는 보험 설계사로 일하고 있었는데 미정의 월급은 거의 보험료로 들어갔다고 했다. 미정이는 돈을 모으자마자 바로 집에서 독립을 했다. 근처로 이사 온 미정이는 날씬해지고 편안해 보였다.

"독립하니까 좋아?"

"네, 너무 좋아요!"

"집에는 가니?"

"안 가요."

2020년 5월 4일

부천에서 공부방을 운영하던 시절의 이야기이다. 어느 날 학교가 마칠 시간이 아닌데 한 녀석이 공부방에 왔다.

"웬일이야? 이렇게 일찍?"

"오늘 학교 안 갔어요."

"어디 아파?"

"네."

평상시에 무뚝뚝했던 그 아이는 그날따라 내 옆에 앉아서 이야기를 한다. 가만히 보니 귀에 멍이 들어 있다.

"어머, 왜 이런 거야? 멍들었잖아."

"그냥 다쳤어요. 선생님! 저요, 죽이고 싶은 사람이 있어요."

초등학교 4학년 아이가 누굴 죽이고 싶다니 가슴이 철렁 내려앉았다. 뭐라고 대답을 할 수가 없었다.

"선생님, 누군지 궁금하죠?"

"…(대답을 하기기 어려워서 그냥 바라보고만 있었다)."

"선생님한테 이야기하고 싶었어요. 그 사람은 엄마예요."

알고 보니 그 아이는 엄마에게 심하게 맞은 것이었다. 한두 번이 아니었고 엄마는 가정의 어려움을 아이에게 풀고 있었던 것이다. 얼마나 답답했으면 나한테 이렇게 이야기를 하는 걸까. 그때는 나도 경험이 없는 젊은 선생이라 제대로 대처를 하지 못했었다. 얼마 후 아이는 엄마와 이혼한 아빠를 따라 다른 도시로 이사를 갔다. 그리고 7~8년이 지나고 오랜만에 부천에 가서 친하게 지내던 지인분을 만나 이야기를 나누다 놀라운 소식을 듣게 되었다.

"○○이 알지? 엄마랑 아빠랑 다시 합쳐서 이제 부천에 살아."

"아, 그렇구나. 잘 됐네."

"얘가 인사성도 바르고 우리 집에 놀러 오면 그렇게 싹싹한데 말이야. 걔가 아빠가 없으면 엄마한테 그렇게 함부로 한대. 아들한테 맞아서 입원한 적도 있었대."

"!!!!!"

"아빠가 없으면 아들 무서워서 찜질방에서 잔다지 뭐야."

그 이야기를 들으면서 4학년 때 그 아이가 나에게 했던 이야기가 떠올랐다. 가슴이 아팠다. 후회가 되고 미안했다.

아이들과 함께했던 지난 시간을 가만히 돌이켜 보면 후회되는 순간들이 있다. 어리고 철없었던 시간. 내가 조금 더 성숙하고 지혜로웠다면 도와줄 수 있었을 텐데 그때는 내가 참 해줄 것이 없었다.

내일은 어린이날이다. 매년 어린이날이면 행사장을 뛰어다녔었다. 올해는 코로나19 덕분에 어린이날 행사가 취소되어 조용한 어린이날을 보낸다. 헝겊원숭이운동본부를 운영하면서 누구보다 열심히 일하는 것처럼 보이지만 실상은 내가 하는 일은 별로 없다. 아이들은 생명력을 가진 존재이고 조금만 기다려주고 도와주고 견뎌주면 아름답게 피어난다고 믿기 때문이다. 이제는 십 년도 훨씬 지난 일이 왜 오늘 떠올라 나를 괴롭히는가. 그 녀석, 이제는 마음 풀고 잘살고 있어야 할 텐데.

아이들의 생명력

재희는 다문화가정의 아이였다. 재희는 나이 차이가 많이
나는 한국 아빠와 이혼한 베트남 엄마와 살았다. 센터에 왔
을 때 초등학교 2학년이었는데 한국에서 태어나 베트남에
가서 살다가 다시 와서 한글을 잘 몰랐다. 재희는 어느 날은
받아쓰기를 100점을 맞고 어느 날은 0점을 받았다. 글씨는
모르는데 모양을 외워서 받아쓰기 시험을 보는 것이었다. 당
시에 재희는 재판에도 나가야 했는데 엄마가 양육을 제대로
못 한다고 아빠가 양육비 반환 소송을 했기 때문이다. 재희
를 센터에 데려온 건 재희 엄마의 한국인 남자친구였다. 그
는 자신을 재희 아빠라고 소개했지만 나중에 알고 보니 재희
엄마는 그 남자와 헤어지고 싶어 했다. 하지만 그 남자는 재
희 학교 앞에서 기다려 아이와 함께 집에 들어오는 방법으로
계속해서 떠나지 않았다. 그 집에서 살면서 일도 하지 않았
다. 재희 엄마는 쉬는 날 없이 일을 했는데, 그러다 보니 재희
는 늘 혼자 있을 수밖에 없었다. 센터를 운영하는 날에는 센
터에 있으면 되지만 쉬는 날은 온 동네를 혼자 돌아다녔다.

어린이날이었다. 지역아동센터 선생님들은 시에서 하는 어린이날 행사에 참여하느라 시민체육광장에 있었다. 그날 재희는 하루 종일 우리와 함께 있었다. 다른 아이들은 부모님과 함께 행사에 참여하고 외식도 하는데 재희는 계절에 맞지 않는 두꺼운 잠바를 입고 땀을 뻘뻘 흘리면서 운동장에서 놀았다. 편 선생님은 한숨을 쉬며 나에게 말했다.

"너무 속상하네요. 재희 말이야, 어린이날인데… 엄마도 너무하시네."

재희는 그래도 나름 잘 자랐다. 하지만 엄마는 재희가 자랄수록 아이를 감당하기 힘들어 했고 5학년 때 다시 베트남으로 보냈다. 재희는 6학년 무렵 돌아왔는데 재희는 한국인이라 베트남에서 중학교에 갈 수 없어 한국으로 다시 왔다고 했다. 아이는 그새 훌쩍 자라 있었고 의젓해졌다. 베트남어를 잘하는 재희 덕분에 이후에 중도 입국한 아이들의 통역은 재희가 맡아주었다. 중학교 때는 베트남으로 여행을 가서 다른 친구들을 안내하기도 했다. 힘들었던 어린 시절을 보냈지만 재희는 잘 자라주었다. 지금은 고등학생이 되어 가끔 인사하러도 온다.

영진이는 2학년 때 엄마가 교통사고로 돌아가셨다. 아빠가 일찍 회사에 출근하고 나면 영진이는 학교에 가지 않았다. 그래서 할아버지 집으로 오게 된 영진이는 센터에 다니게 되었다. 센터에 온 영진이는 의욕도 없고 우울해 보였다. 다른 아이들과 어울리지도 않았고 공부 시간에도 연필로 문제집에 구멍만 뚫고 있었다. 학교에서 다른 아이들이 괴롭혔다고 화장실에서 발작을 일으키기도 해서 선생님들을 걱정시켰다. 그 일이 있은 후 상담을 받게 되었는데 상담 선생님이 문제가 전혀 없는 아이라고 하는 것이 아닌가! 센터에 같은 학년 아이들이 전부 남자아이들이고 성격이 강해서 그 속에서 잠시 숙이고 있는 것이라고 한다.

어느 토요일 내가 사는 동네에서 영진이를 보았다. 센터가 있던 당동과 내가 사는 대야미는 차로 15분 이상 걸리고 오르막도 많은 길이다. 아이는 큰소리를 치고 깔깔 웃으며 자전거를 타고 있었다. 나를 보더니 큰소리로 "안녕하세요!"하고 인사를 한다. 센터에서는 한번도 본 적이 없는 영진이의 모습에 나는 깜짝 놀랐다. 다음 날 센터에서 영진이에게 물었다.

"자전거 타고 대야미까지 온 거야?"

"네."

"대단하다, 영진이."

"더 멀리도 가는데요."

"어디?"

"한강도 가요."

우울하고 의욕이 없던 영진이는 온데간데없고 자전거 이야기를 하며 눈이 반짝인다. 영진이는 탈도 많고 사건도 많았던 초등학교를 졸업하고 센터도 그만 다니게 되었다. 몇 년 후 인근 고등학교에서 아이를 우연히 만났는데 훤칠하게 키가 큰 미남이 되어 있었다.

"어, 보민 샘이다."

아이는 잘 지낸다며 슬며시 웃었다.

"선생님, 엄마가 또 애기를 낳았어요. 근데 또 아들이에요. 딸이길 바랬는데."

각기 엄마가 다른 4남매 집 장녀인 수희가 나에게 소곤소곤 이야기한다. 이제 남동생이 네 명이 되었다는 이야기다. 곧 중학생이 되는 이 아이가 공부를 할 공간은 있을까 심히 걱정된다. 함께 도시락을 받으러 오던 남동생 수민이는 얼마 전 쉼터에 들어갔다고 한다. 그 사실은 현이에게 전해 들었는데 현이는 아빠와 단둘이 살다가 실습 나가서 번 돈을 한 푼도 주지 않아 아빠 집에서 나와 쉼터 들어간 아이이다. 현이의 말에 따르면 쉼터에 들어온 수민이는 밥을 엄청 많이 먹고 키가 한 달만에 10센티미터나 컸다고 한다.

"선생님, 우리 집 4남매예요. 그렇지만 엄마는 다 같아요."

오해 방지를 위해 이렇게 미리 알려주는 친구가 있는 반면,

"선생님, 전 엄마 없어요."

"엄마 없는 사람이 어디 있어?"

"아빠랑 엄마랑 이혼해서 이제 없어졌다니까요."

"같이 안 살아도 엄마는 있는 거야."

이렇게 속상한 얘기를 대놓고 하는 아이도 있다.

"그러니까 학교 끝나고 밤중까지 니가 동생을 다 돌보는 거야?"

"네. 엄마 아빠는 밤 11시 넘어서 오시니까요."

"애들 감기 걸릴까 봐 나가지 말라고 한 거야?"

"감기 걸리면 골치 아파요."

어린이집에서 5살 막내 동생을 데리고 와 밥먹고놀자 식당에서 돌보는 이 아이는 이제 중학교 2학년 남학생이다. 어린이집에 다니는 동생은 여자아이인데 머리도 묶어주고 간식도 챙긴다.

"저 동생이 또 생겼어요. 사촌 동생인데 열 달 동안 같이 산대요."

"그럼 돌봐야 하는 애가 늘어난 거야?"

"괜찮아요. 하나나 둘이나."

얼마 전 3년 동안 멘토링 프로그램에 참여해 온 한 아이가 한밤중에 우리 직원에게 연락을 했다. 엄마가 너무 심하게 때려서 가출했는데 쉼터에 연결해 달라는 것이다. 아이의 말에 의하면 아이의 엄마는 전부터 지속적으로 아이에게 폭력을 행사했는데 최근 목을 조르는 등 폭력의 강도가 점점 심해져서 더 이상은 집에서 살 수 없다고 판단을 내리고 우리에게 도움을 요청한 것이다. 직원이 아이를 데리러 갔는데 아이가 짐을 싸서 나온 것을 보니 얼마나 야무지게 싸 왔는지 깜짝 놀랐다고 한다.

아이들의 이야기를 들으면 마음이 아프고 속도 상하고 때로는 회피하고 싶을 때도 있다. 하지만 가슴이 답답해지는 아이들의 이야기를 들으며 아이들의 생명력을 발견한다면 이상한 이야기일까? 나는 아이들이 처한 어려움 속에서도 살아가기 위한 단단한 기운을 느낀다. 중학교에 간 남동생이 네 명인 수희는 학교생활 잘하고 있고, 쉼터에 간 남동생 수민이도 다섯 살 난 막내 동생을 돌보면서도 자기 할 일 다 하며 잘 지내고 있다. 삶을 포기하지 않고 살아보려는 이 아이들을 보며 반드시 지켜주리라는 다짐을 한다. 어른들도 살기 힘든 세상에서 거센 비바람을 정면으로 맞으며 씩씩하게 살아가는 아이들이 있다. 이 아이들을 어른들은 지켜주어야 한다. 그리고 응원해주어야 한다.

3.

어른 없는

사회

이야기

처음에 헝겊원숭이운동본부를 만들 때 앞에 수식할 말을 어른 없는 사회, 좋은 어른 되기 운동이라고 했다. 그때 꿈두레 몇몇 선생님들이 어른 없는 사회라고 하는 것이 너무 도발적인 표현이 아닌가 하고 걱정을 했다. 하지만 2005년부터 지금까지 만나 본 세상의 어른 중 아이들 입장에 서 있는 어른은 매우 드물었다고 기억한다. 개인의 문제가 아니라 사회 자체가 아이들에게 친절하지 않다. 일단 예산만 봐도 알 수 있다.

2023년 보건복지부, 교육부, 여성가족부, 기재부 소관 아동·청소년복지 분야 예산은 작년 추경 대비 2.3% 증가했습니다. 그러나 보건복지부 소관 아동·청소년복지 분야 예산은 작년 추경 대비 1.5% 감소했습니다. 보호 종료 아동 자립 준비 예산과 저소득층 기저귀·조제분유 지원을 제외한 예산은 전년 대비 동결 혹은 소폭 상승에 불과하고, 이는 물가상승률을 고려했을 때 감소한 수준입니다. 수요가 많은 초등돌봄교실의 교육부 예산이 100% 삭감되었고, 전국적으로 차별없이 시행되어야 하는 다함께 돌봄센터 사업의 경우 국가균형발전 특별회계로 이

전되었습니다. 모든 아동·청소년이 적절한 서비스를 제공받을 수 있도록 다부처 사업의 경우 관련 예산과의 연계성을 고려하고, 공공 인프라 확충을 위한 중장기적 예산 편성 계획이 수립되어야 합니다.

— 「2023년 보건복지 분야 예산(안) 분석」 참여연대

복지 예산이 전반적으로 줄어들었지만 보건복지부 소관 아동청소년 복지 예산은 작년 추경 대비 1.5% 감소했다고 한다.

2023년 3월 중순 ○○지역아동센터 운영위원회에 참석했다. 센터장님이 1차 추경예산을 설명하며 한숨을 푹 내쉰다.

"추경예산인데 마이너스가 났다고 법인에서 들어와서 해명하래요."

연말에 예산을 세울 때 보조금 인상분 예상하고 작성했는데 오히려 감소하여 마이너스 추경예산이 된 것이다. 물가도 오르고 공공요금도 오르고 모든 것이 올랐는데 설마 지역아동센터 예산도 이 정도는 올려줄 거라고 생각했던 것이 문제였다.

"선생님, 그럼 이렇게 답변하세요. 아이들을 이 정도로 생각 안 하는 정부인지 몰랐다고."

아동청소년은 복지의 대상이 아닙니다

헝겊원숭이운동본부를 만들면서 사단법인을 설립하기 위해 경기도 사회복지과에 문의를 했다. 아동청소년을 위한 법인을 만들려고 한다고 하자 담당 공무원의 답변은 "아동청소년은 복지의 대상이 아닙니다"였다. 그럼 복지의 대상이 누구냐고 물었다.

"노인, 장애인, 빈곤 계층입니다."

당시 함께 헝겊원숭이운동본부를 만들던 회원들이 이 얘기를 듣고 모두들 깜짝 놀랐다. 이 말은 노인은 노인이기만 하면 장애인은 장애인이기만 하면 복지의 대상이 되지만 아동청소년은 복지의 대상이 되려면 가난하다는 것을 증명해야만 된다는 말이다. 지역아동센터는 경제적 상황이 입증된 아이들이 다니는 곳이기 때문에 국가에서 지원하는 것이고 나머지 아이들은 해당이 되지 않는다. 엄연히 사회복지학과에서는 아동복지 과목이 있고 청소년복지 과목도 있다. 하지만 우리나라에서는 아동청소년은 복지의 대상이 아니다. 아동청소년 관련 법인을 만들려면 여성가족과로 문의하라고 한다. 여성가족과에 아동보육팀과 청소년교육팀이 있는데 그중에 어디로 갈지 정하라고 했다. 우리나라에서 여성가족부는 현재 존폐 위기에 처해 있으며 2023년 예산이 1조5678억 원(국가 총예산 638.7조 중)이다. 물론 이 예산이 다 아동청소년을 위해 사용되는 것이 아니다. 일인 가족 지원, 한부모 가족, 다문화 가족 지원, 아이 돌봄 서비스 지원, 디지털 성범죄 피해자 지원과 위기 청소년 지원이 주요 사업이다. 그렇다면 일상적인 아동청소년을 위한 복지는 어디서 이루어지고 있는가? 그것은 '학교'라고 이야기한다.

코로나19 시기 가장 크게 드러난 것이 학교의 공백이다. 학습의 문제도 있었지만 급식이 문제였다. 학교가 방학을 하면 밥을 제때 먹지 못하는 아이들이 지금도 많다. 경제적 어려움 때문이 아니라 밥을 차려줄 사람이 없기 때문이다. 그렇다면 학교는 아이들에게 복지를 제공하는 곳인지 확인해 볼 필요가 있다. 방과후돌봄과 급식이 학교에서 아이들에게 제공하는 가장 중요한 복지 서비스다. 하지만 방과후돌봄이 모든 아이들을 수용할 수는 없다. 문재인 정부에서는 돌봄을 3대 정책 과제로 꼽았다. 학교에서 모든 아이들의 돌봄을 할 수 있게 하겠다고 했지만 결국 장학사들은 호텔에 모여 학교는 돌봄을 하는 곳이 아니라고 선언했고, 방향은 다함께돌봄센터(키움센터)로 전환되었다.

현 정부에서도 학교 돌봄을 추진하고 있다. 늘봄학교는 현재 오후 5시면 끝나는 초등학교 돌봄교실을 오후 8시(토요일은 오후 1시)까지 연장하고, 방학 기간 중에도 운영하도록 하는 게 정부 정책이다. 늘봄학교 운영 시간 연장은 맞벌이 부모가 퇴근하는 오후 6~7시까지 생기는 한두 시간의 돌봄 공백을 보완하기 위한 것이다. 현재까지 학교의 태도로 봐서는 그리 쉽지 않을 것이라고 예상된다. 학교는 이미 시설이 갖추어져 있고 안전하기 때문에 부모들은 학교에서 돌봄을 하는 것을 선호한다. 하지만 아이들 입장에서 한번 생각해보자. 학교에서 계속 있어야 하는 것은 그리 좋은 일은 아닐 것이다. 아무튼 아이들 돌봄은 이리저리 치이고 있는 상황이다. 그리고 다함께돌봄센터가 생기면서 지역아동센터에 다니는 아이들의 낙인감(stigma)이 커진 형편이다. 지역아동센터 선생님들은 아이들에게 낙인감을 줄 수 있다면서 헌법 소원을 신청했다. 하지만 헌재는 보건복지부의 '2019년 지역아동센터 지원사업 안내'가 헌법상 평등권·인격권과 사생활 비밀을 침해한다는 취지의 헌법 소원을 재판관 6대 3 의견으로 기각했다. 지역아동센터는 가난한 아이들이 다닌 곳이라고 헌법재판소에서 인정해 준 셈이다.

실제로 군포에서 아이들이 가장 많이 다니는 초등학교 인근에 대형 어린이집에서 다함께돌봄센터를 열려고 한 일이 있었다. 인근의 지역아동센터 네 곳의 선생님들이 지역아동센터에 다니는 아이들이 낙인감 때문에 전부 다돌센터로 옮길 것이라고 우려를 표하자 공무원이 다돌센터는 일반 아이들이 다니는 곳이고 지역아동센터는 저소득층이 다니는 곳이니 상관없다고 했다가 거센 항의를 받은 일이 있었다. 아이들을 잘 키우는 것이 어른들의 사명이라고 한다면 굳이 경제적 형편을 나누어서 일반 가정, 빈곤 가정 낙인을 찍어야 할까?

　―너의 집이 가난하지만 괜찮아. 그래도 국가에서 너를 잘 키워줄 거야. 학교와 센터에 와서는 아무 걱정 말고 행복하게 커 주렴.

　이런 나라이면 안 되는 건가 묻고 싶다. 우리는 그 정도는 해줄 수 있는 어른들이면 안 될까?

2017년 12월 10일

　영향력 있는 정치인들이나 저명 인사들을 가리켜 '빅마우스'라는 표현을 쓴다. 이에 비해 자신의 목소리를 사회적으로 드러낼 수 없는 사람들이 있다. 이들은 존재하지만 사회적으로는 없는 취급을 당한다. 아동청소년들은 입이 없는 대표적인 집단이다. 정책을 만들어내는 사람들이나 어른들이 챙겨주면 좋은 일이지만 그들에게는 사회적으로 목소리를 낼 수 있는 통로가 부족하다. 그래서 자신들의 권리를 찾기도 힘들고 어떤 것이 내가 행사할 수 있는 권리인지도 잘 알지 못한다. 문재인 정부는 방과후돌봄 서비스를 확대하겠다는 공약을 발표했다. 학교에서 하는 방과후돌봄을 강화하여 여성들이 마음 놓고 직장 생활을 할 수 있게 해주겠다고 했다. 하지만 2017년 9월 4일 교육감협의회는 하얏트리젠시 호텔에서 총회를 열고 6개 안건을 의결하는 자리에서 "초등돌봄교실을 지자체로 전환해 지역사회와 연계한 보육 서비스로 운영할 것을 제안키로 했다"고 밝혔다. 이것은 경기도교육청이 최근 3년간 초등돌봄교실 예산을 동결, 사실상 돌봄교실이 축소 운영된 데 이어 토요 방과후교실 폐지 방침을 밝힌 것과 같은 맥락이다.

이재정 교육감은 2017년 7월 7일 '현장 교육협의회 시즌 2' 자리에서 "학교가 운영해야 할 법적 근거가 없는 방과후학교, 돌봄교실, 운동부 등은 지방자치단체가 책임을 맡아야 한다"고 말했다. 정부의 말과 달리 학교에서는 방과후돌봄을 기피하고 있는 것이다. 우리의 미래인 아이들의 돌봄은 한마디로 찬밥 신세인 것이다. 아이들에게 어떤 형태의 돌봄이 좋은지 한번도 물어본 적이 없다. 부모들은 학교가 끝나도 학교 안에 아이들이 있는 것이 좋다. 일단 안전하다는 생각이 들기 때문이다. 하지만 아이들은 그럴까? 지역아동센터나 별도의 돌봄센터를 만드는 것은 비용이 많이 들어간다. 하지만 학교 교실은 남아돌고 있으니 별도의 시설비를 들이지 않아도 돌봄 시설을 늘릴 수 있는 것이다. 방과후교실에 대한 부모들의 만족도는 무려 90%가 넘는다. 그러니 정부에서는 학교 방과후교실의 확대가 가장 알맞은 대책이라고 생각하는 것이다. 비록 학교 관련자들은 마음에 들어 하지 않지만.

오늘은 입이 없는 아이들을 위해서 방과후교실에 대해 이야기해 보려고 한다.

학교가 끝났는데 학교에 남아 있는 것은 아이에게 쉼을 주기 힘들다. 부모님들에게 교실 세팅은 공부를 더 하게 할 수 있어서 좋을지 몰라도 아이에게는 수업을 계속 하고 있다는 느낌을 줄 수밖에 없다. 또한 지역아동센터와 비교했을 때 교사와의 소통이나 정서적 지원 등 돌봄의 요소에서 꼭 필요한 부분이 채워지기 어려운 구조이다. 시흥에서는 경기도 최초로 학교 방과후교실을 외부에 위탁 운영을 하고 있는데 지역아동센터를 운영하는 법인에서 위탁을 받았다. 학교 내에서 외부 기관이 일을 하는 것이 쉽지 않겠다고 예상할 수는 있지만 가장 어려운 것은 그동안 해왔던 돌봄교실을 변화시키는 일이었다고 한다. 학교 수업처럼 프로그램을 진행하지 않고 놀 수 있게 하고 야외 체험 활동을 하는 것에도 학교와 수많은 대화를 통해서 가능했다고 한다. 부모님들의 마음도 반영되고 예산이 부족한 정부의 입장도 반영이 되고 일이 많아지는 것이 벅찬 학교의 처지도 반영되는데 왜 가장 중요한 우리 아이들은 탁구공처럼 이리저리 치이고 누구 하나 이들의 마음을 물어보는 사람은 없는지 모르겠다.

선생님, 저 죽으면 어떡해요?

자전거 동아리 회장이었던 고2 철이가 사무실에 온다고 한다. 철이는 중학교 1학년 때부터 자전거 동아리 활동을 했던 아이인데 특성화고에 다니면서 가끔 하굣길에 사무실에 들러 맛있는 것 사달라고 하는 녀석이다. 오늘은 뭔가 자기 자신에 대해서 하고 싶은 말이 있다고 한다. 무슨 이야기를 하려나 궁금하던 차에 철이가 도착했다.

"선생님! 저 이제 실습 나가요. 오늘 작업복도 받았어요."

"그래? 우리 철이가 벌써 실습을 나가는구나."

"작업복 입어볼게요."

중1 때부터 보던 아이가 어느새 커서 현장 실습을 나가는구나. 철이는 작업복을 입고 사진을 찍는 나를 향해 포즈를 취한다. 그러더니 갑자기 심각한 목소리로 말한다.

"선생님, 저 죽으면 어떡해요?"

이야기를 듣는 순간 가슴이 철렁했다. 특성화고 실습생들의 사망 소식이 매년 이어져 왔으니 왜 그런 마음이 들지 않겠는가.

"걱정 마. 니네는 잘 안 죽어. 위험한 회사도 아니잖아. 그리고 뭔 일 생기면 때려치워."

아이를 안심시켜 주었지만 나는 어른으로서 너무나 부끄러웠다. 이런 세상이 아이들에게 한없이 미안했다. 왜 우리는 아이들을 지켜주지 못하는가? 지역아동센터 센터장일 때 거의 대부분의 아이들이 특성화고로 진학했다. 그중에 처음으로 현장 실습을 나가게 된 아이가 있었다. 그때는 그야말로 현장에서 배운 것을 해보는 그런 현장 실습인 줄 알았다. 어느 날 실습을 나간 아이에게서 연락이 왔다.

"선생님, 저 여기가 어딘지 모르겠어요."

"무슨 소리야? 너 출근 안 했어?"

"밤 새서 일하고 버스 탔는데 잠들어서 종점까지 와버렸어요."

버스 타는 법을 알려주고 센터에 온 아이에게 자초지종을 들었다. 실습 나간 회사에서 야근도 시키고 어제는 밤샘 노동까지 했다는 것이다. 아직 미성년인 실습생에게 밤샘 노동이라니. 아이는 괜찮다고, 할 수 있다고 했지만 이건 아니지 싶었다. 아이는 정말 악착같이 6개월의 실습 시간을 채웠다. 그 후 유명 스시집에 아르바이트로 취직을 해서 돈을 벌었다. 그 스시 집은 19,000원짜리 뷔페를 팔았는데 그 가격이 어떻게 가능한가 했더니 아르바이트 아이들의 노동을 쥐어짠 결과였다. 우리 아이들이 좋아해 자주 가던 곳이었는데 6개월 일하고 시급 20원 올리려고 한 시간 협상했다는 아이의 이야기를 듣고 다시는 가지 않았다.

2018년 2월 1일

헝겊원숭이운동본부를 만들면서 어른 없는 사회라는 말을 생각하며 가장 가슴이 아팠던 사건은 특성화고 실습생의 죽음이었다. 아직 성인이 아닌 실습생인 그 아이가 그토록 열악한 현장에서 규정을 무시한 채 일하는 것에 대해 어떤 어른도 문제를 제기하지 않았다는 사실이 너무나 가슴 아프다. 자기 자식이었다면 과연 그랬을까. 만약 모든 아이들을 내 아이와 같이 생각했다면 그 안타까운 죽음을 막을 수 있었을 것이라는 생각을 떨칠 수가 없다. 사회적인 약자인 아이들은 자신의 입장을 말할 기회를 가지지 못한다. 오직 투표권으로만 권력을 행사할 수 있는 사회에서 그 아이들은 보호받고 배려되어야 할 대상이지만 속을 들여다보면 그것은 지켜져야 할 법이 아니라 어른들의 미덕 정도로 치부되고 있는 경우가 많다. 아르바이트 하는 아이들이 제대로 돈을 받지 못한 경험이 60%가 넘는다. 매일같이 죽임 당하고 학대 받고 성폭행 당한 아이들의 기사는 넘쳐난다. 왕따와 학교 폭력이 어디서 온 것인가?

김진경 선생님은 이렇게 말씀하셨다.

"명품 백 들고 다니며 구분 짓고 아파트 평수 따라 구분 짓는 당신들의 그림자가 왕따다."

사회적으로 폭력이 이렇게 만연한데 아이들이 어떻게 폭력을 배우지 않겠는가? 공정함보단 권력이 우선이고 돈이 좌우하는 세상이면서 가난한 아이들이 고급 패딩을 갖고 싶어 하는 것은 왜 싫어하는가? 가계 부채가 우리의 상상을 초월하는 수준이라고 한다. 우리의 아이들이 미래에 갚아야 할 빚이다. 우리 아이들에게 무엇을 남겨주었는가? 부채와 오염된 자연, 산산이 깨어진 마을. 그러고도 모자라 자신의 기득권을 놓지 않고 온갖 정책에서 밥그릇을 챙기기에 급급한 너무나 부끄러운 어른들의 모습이다. 4차 산업혁명이 곧 쓰나미처럼 우리에게 닥칠 것이라는 예측이 어른들의 불안을 더 부추긴다. 우리 아이는 무슨 직업을 가져야 살아남을 것인가에 촉을 곤두세우며. 하지만 우리가 서로 살아남기만을 희망한다면 우리는 영화 〈엘리시움〉 같은 지옥을 맛볼 것이다.

그 아이의 잘못일까?

부천에서 군포로 이사 오고 지역아동센터에 취직했을 때 2시에 출근해서 9시까지 중고등부를 담당하게 되었다. 부천에서 워낙 잘나가는(?) 아이들만 보다가 센터에서 만난 아이들은 너무나 착했다. 아이들은 초등학교 저학년 때부터 함께 생활해서인지 친형제들처럼 친했고 서로에 대해 잘 알고 있었다. 놀라운 점은 서로 휴대폰 번호를 잘 모르고 있는 것이었다. 생각해보니 휴대폰 번호를 알 필요가 없었다. 2010년에는 스마트폰이 아직 나오기 전이었고, 매일 센터에서 만나기 때문에 서로 연락을 할 필요가 없어서 번호를 몰랐던 것이다.

그때 중고등부 인원이 20여 명 정도 되었다. 그중에 중2는 단 두 명이었는데 그 두 명이 센터에서 문제아로 꼽히고 있었다. 센터를 잘 나오지 않는 것이 문제아로 꼽히는 이유였다. 그중에 한 아이 은우(가명)는 부자 가정의 아이였다. 아빠와 오빠, 삼촌까지 남자들밖에 없는 집안에서 사춘기 여학생이 함께 살고 있으니 여러 가지로 답답한 일이 많았을 것이다. 선생님들 이야기를 들어보면 초등학교 2학년이 되도록 한글도 못 깨쳐서 문제집을 풀 때 옆 아이 것을 베끼고 있었고 그것을 발견한 선생님이 한글부터 다시 가르쳤다고 한다. 센터 여름 캠프를 가서 아이들이 죄다 머릿니를 옮아왔는데 그 원인이 은우였다. 엄마가 없어 어린 시절부터 힘들게 자란 은우. 동그란 얼굴에 커다란 눈망울로 조용히 왔다가 가곤 했는데 남자애들이 은우를 엄청 무시했다. 하루는 내가 은우를 무시하는 중3 아이에게 물었다.

"니들, 도대체 은우한테 왜 그러는 거야?"

"아씨— 걸레예요."

"뭐라고?"

아이는 더 이상 아무 말도 하지 않았다. 겨우 열다섯 살짜리 여자아이한테 이게 무슨 말인가? 잠시 충격을 받은 나는 그 아이의 말을 이해해보려고 했지만 도무지 단순한 비하 발언이라고 하기엔 심한 표현이라는 생각이 들 뿐이었다. 한 살 위였던 은우의 오빠가 다른 친구들과 관계가 안 좋아지면서 센터에 나오지 않게 되었다. 하루는 은우가 나에게 부탁을 했다.

"샘. 오빠가 다시 센터 다니고 싶어 하는데 어떻게 해요?"

은우의 말을 듣고 센터장님께 잘 말씀드려보라고 했지만

센터장님은 아빠를 모셔 오라고 했고 결국 은우 오빠는 센터에 다시 오지 못했다. 그러자 은우도 센터에 오지 않았다. 중 3 때는 학교도 자주 빠지고 지각을 한다고 연락이 왔다. 그래도 간간이 센터에 와서 근황을 들을 수 있었고 졸업 여행도 함께 갔다. 은우는 출결과 성적이 몹시 나빠 간신히 실업계 고등학교에 진학했다. 그 후 충격적인 은우의 소식이 들렸다. 은우가 조건만남을 한다는 것이었다. 전에 센터에서 근무했다가 퇴사한 선생님을 찾아가 고민을 털어놓은 것인데, 남자친구가 돈을 요구해서 어쩔 수 없이 그렇게 했다는 것이다. 한번은 고등학교 입학하고 나서 센터에 온 적이 있었는데 은우 남자친구 이야기를 듣고 아이들이 안 좋은 아이 같으니 사귀지 마라고 했던 기억이 있다. 그 남자친구는 은우가 빚을 지게 해서 그 빚을 갚는 방법으로 조건만남을 강요했다고 한다. 어떤 때는 3만 원을 받고 모르는 아저씨를 만나기도 했다는 이야기를 듣고 기함을 했다. 부랴부랴 선생님들은 아버지를 불러서 상담을 하고 아이를 어찌해야 할 것인지 의논을 했다. 그때, 중학교 2학년 때 남자아이의 말이 생각났다. '걸레예요….' 어쩌면 아이들은 다 알고 있었는지 모른다. 특히 은우 오빠와 친구였던 아이들은 은우가 이전에 어떤 일을 당했는지 다 알고 있었을지도 모른다. 부천에서 우리 집

에 놀러 왔던 중학생 여자아이들이 친구에 대해 비슷한 이야
기를 한 적이 있었다.

"걔, 완전 걸레예요. ○○오빠랑도 잤구요, 한둘이 아니에
요."

사실 선생님들도 이런 일이 벌어지면 매우 당황하게 된
다. 폭력 사건이나 절도, 흡연 등과는 다르게 마음이 복잡해
진다. 아마도 어른들이 가지고 있는 도덕적인 기준이 작동하
기 때문인 것 같다. 하지만 아이의 상황을 보면 그건 그 아이
의 잘못이 아니다. 양육자로부터 아기 때 받아야 할 애착이
형성되지 못해서 그런 것일 확률이 높기 때문이다. 은우의
경우 상담하시는 선생님이 아이의 심리 상태가 아기와 같다
고 했다. 그것이 좋은 것이든 나쁜 것이든 은우는 거부할 수
없다. 아이들에게 이것은 생명과도 관련이 있는 것이다. 스
킨십, 사랑받은 경험은 아이가 살 수 있는 힘이 된다. 사랑을
충분히 받고 자란 아이는 자존감이 높고 자신을 소중히 여길
줄 안다. 우리 아이들을 지켜주고 자신이 소중하다는 것을
알려줄 수 있는 사람은 좋은 어른이다.

간혹 자신의 지위를 이용한 가스라이팅을 통해 아이들을
학대하는 어른들의 뉴스를 접한다. 이 얼마나 간악한 범죄인
가? 믿고 의지했던 어른이 그것을 이용해서 아이를 학대하다

니! 그것도 교사나 성직자들이. 아이에게 괜찮다고 그럴 수 있다고 이야기해주고 싶다. 너의 잘못이 아니라고 말해주고 싶다. 그래서 사랑받고 행복하게 살라고 축복해주고 싶다. 그건 모두 무책임하고 아이를 사랑해주지 않은 어른들의 잘못이다. 아이를 잘 돌보고 충분히 사랑해줄 수 없도록 만든 이 사회의 잘못이다.

2020년 3월 26일

텔레그램 n번방 사건으로 많은 사람들이 분노하고 있다. 국민청원에는 용의자의 신상을 공개하라는 청원이 260만 명을 돌파하였고 가입자 전원을 처벌하라는 청원도 189만 명이 넘은 상황이다. 반면 피해자들도 책임이 있다는 의견을 내놓고 있는 사람들도 보인다. 고액 아르바이트라 해도 왜 그런 곳에 발을 들였는지, 아무리 철이 없다 해도 일탈하기 위해 본인을 위험에 빠뜨리는 행동을 했는지에 대한 책임을 이야기한다. 마음 아픈 이야기지만 피해자들 중 청소년들이 상당수라는 것이다.

요즘 들어 이런 성착취 문제가 새롭게 생겼느냐 하면 그렇지 않다. 1997년, 그러니까 23년 전 '빨간마후라' 사건이 있었다. 중학교 2학년 여학생을 포함한 청소년들이 포르노 영상을 촬영해서 퍼진 것이었는데 당시에도 사회적 파장이 컸던 것으로 기억된다. 하지만 그 후 비슷한 제목의 동영상들이 제작되었고 분노하는 사람들 한 켠에서 청소년의 성 착취 콘텐츠는 소비되었다. 이런 일은 그 후로도 계속 반복되었다. 지금처럼 동영상 제작이 손쉽던 시절이 아니었지만 아무개 양 비디오라는 개인적으로 촬영되어 돈을 목적으로 유포시킨 영상들은 많이 떠돌아다녔고 개인의 고통과는 무관하게 많은 사람들은 그저 호기심으로 영상을 찾아보았다. 당시 피해자들도 지옥 같은 괴로움을 맛보았을 텐데 대다수의 사람들은 그들을 피해자라 보기 보다는 그런 영상을 촬영한 그래서 피해를 당해도 할 말이 없는 사람이라고 생각했을 것이다. 그뿐인가? 별장 성 접대 사건, 버닝썬 사건에도 어김없이 영상은 존재했다. 그리고 대부분 유야무야 잊혀져 가고 있다. 이제는 그때 태어난 아이들이 보다 체계적인 구조를 만들어 청소년 성 착취 영상을 생산하고 있다. n번방에 보면 여중생방, 심지어 여아방도 있다는 것을 알고 있는가?

청소년들을 미성년자라고 구분 짓고 우리가 보호하려는 것은, 청소년은 아직 성장 중인 존재라는 것을 모두들 인정하고 있기 때문이다. 성장하는 과정 중에 잘못된 판단과 선택을 할 수 있다. 특히 성장 과정에 어려움이 있는 경우 자신에게 해가 되는 행동을 할 수 있다. 보호받아야 할 성과 그럴 필요가 없는 성이 따로 있다고 생각하는가? 얼마 전에 25개월 된 여아를 초등학교 5학년 남아가

성폭행한 사건 기사를 보았다. 아빠가 없어 외로워서 기저귀를 내린 것 같다는 남아 엄마가 한 이야기는 이를 대변한다. 말도 안 되는 논리이지만 스스로 조심하고 방어하지 않는 성은 보호받지 못할 수 있다는 의미 아닌가?

아이들이 성장하는 과정에서 스스로를 파괴하거나 해치는 선택을 할 때 어른들이 해야 할 일은 아이를 보호해주는 것이다. 자신이 얼마나 소중한 존재이며 사랑받아야 할 존재인지 말해주어야 한다. 아이들은 사랑받기 위해서 존재한다.

"나는 어린이들에게 필요한 것은 오직 한 가지, 사랑받고 존중받는 것임을 안다. 어린이들에게는 그럴 권리가 있다. 어린이들은 또한 보호받을 권리가 있다. 존중받고, 보호받으며 자란 어린이들은 다른 사람을 존중하고, 아끼는 방법을 배우고, 사회에 이바지하는 사람으로 자라는 것이다."(야누슈 코르착)

친구를 잔인하게 폭행하고 때로는 자해하는 아이들. 성적인 수치심이 전혀 없는 것처럼 행동하는 아이들을 볼 때 우리는 말할 수 없이 안타깝고 슬프다. 그것은 그 아이들을 사랑해주는 어른들이 없었기 때문이다. 지금 말할 수 없는 어려움에 빠진 우리 아이들에게 도움받을 자격 기준을 들이대기보다는 사랑해주지 못한 어른들의 잘못을 인정하고 아이들에게 이런 세상을 만든 것에 대해 사죄해야 한다고 생각한다. 지금 세상에 필요한 것은 어른다운 어른, 좋은 어른이다.

소설이었으면 좋았을 이야기

산포시 구도심에는 당근청소년문화의집이 있다. 이곳은 당근동과 바로 옆 우물동 일대의 아동 청소년들이 이용할 만한 공공시설로는 유일하다고 할 수 있다. 청소년문화의집 건물은 오래전에는 소방서였는데 1층은 청소년문화의집 그리고 2층에는 지역의 다양한 단체들이 입주해 있었다. 물론 아이들을 위한 공간이 충분하지는 않았다. 전년도에 보훈회관을 새로 지으면서 2층의 단체들이 대거 이사를 했다. 드디어 2층 공간까지 아이들이 사용할 수 있게 되어서 지역의 선생님과 아이들은 모두 기뻐했다. 그 공간을 어떻게 사용할까, 아이들의 의견을 묻고 가장 좋은 공간은 무엇일까 고민을 했다. 너무 낡아 안전 진단이 필요한 건물이었지만 지역이 함께 기뻐하며 기대하고 있었다. 그런데 여름이면 끝난다던 리모델링은 아무 소식이 없었다.

사정을 알아보니 안전 진단을 받은 결과 큰 이상이 발견되었다고 한다. 건물이 어느 정도로 위험한 상황이냐면, 1층에 강철 빔으로 지지대를 설치해야 할 정도라고 한다. 그것도 외벽이 아니라 내부에. 그러면 아이들은 강철빔 사이에서 지내야 하는 것이다. 엑스(X) 자 형태로 지지대를 설치하면 아이들이 머리를 숙이고 지나다녀야 하는 높이가 된다. 그럴 수는 없는 일이기에 다른 방법이 없냐고 하니 현재는 예산이 없고 문화의집 근처가 재개발된다면 아예 새로 건축을 할 수 있기 때문에 더 큰 예산은 들이기는 어렵다고 시에서 답변을 했다는 것이다. 그래서 2층 리모델링은 할 수 없었던 것이다. 마음이 따뜻한 산포시는 아이들에게 가장 좋은 방법을 찾기 위해 작년 내내 문화의집과 함께 고민했고 결국은 강철빔을 설치하는 것으로 결정을 했다고 한다.

이 소식을 들은 어느 오지랖 넓은 산포 시민 삐딱 씨는 "이게 말이 되냐?" 화를 냈다고 하는데 그 이유는 불과 6년 전에 그 건물을 리모델링 했기 때문이다. 얼마 후 삐딱 씨는 또 다른 오지랖 넓은 산포시의 공무원 케이 씨를 만나 당근청소년문화의집에 대해 이야기를 나누었다. 이때 삐딱 씨는 놀라운 이야기를 듣게 되었는데 안전 진단에 문제가 생긴 것은 옥상에 설치된 태양광발전소 때문이라는 사실이었다. 태양광발전소는 태양광 패널을 건물 옥상에 설치해 소규모 발전을 하는 것으로 당근청소년문화의집 옥상에는 2016년에 설치되었다. 삐딱 씨가 기억을 더듬어 보니 당시에 산포시의 정치인과 환경 단체들이 앞장서서 이 태양광발전소를 홍보했으며 주변에 투자를 한 사람들도 있었다. 태양광발전소 준공식 때 저마다 해바라기 모양 머리띠를 하고 기념사진을 찍어서 SNS에 공유했었다. 삐딱 씨는 정말 화가 나고 어이가 없었다. 왜냐하면 내일은 산포시가 아동 친화 도시 선포식을 하는 날이기 때문이다.

아동 친화 도시는 "유엔아동권리협약이 지방정부의 시스템에서 실현되는 것을 목표"로 하며 주요 사업은 "아동의 권리를 지역의 공공 정책, 아동과 그 가족들에 대한 지역적 대책, 또 지역의 예산에 반영"하는 것이며 "아동의 생활 환경, 특히 가장 취약한 환경에 처해 있는 아동들의 생활 환경에 대응하는 혁신적인 행동 계획을 마련"하는 것이다. "아동의 권리를 많은 사람들에게 알리고, 지역사회에 이것이 잘 적용되는지 평가"해야 한다. 아동 친화 도시에서 아동은 주체가 된다. 아동의 필요, 의견, 목소리, 활동은 아동과 관련된 모든 분야에 대한 단체장의 결정에 영향을 미쳐야 한다. 아동 친화 도시의 가장 중요한 점은 아이들의 의견을 듣고 이것을 시정에 반영하는 것이다.

왜 아이들의 이야기를 들어야 하는가? 그것은 아이들이 가장 약자이기 때문이다. 약자에게 의견을 묻고 그 의견을 정책에 반영한다면 모든 사람이 살기 좋은 도시가 될 테니 말이다. 아동 친화 도시가 되고 싶었던 산포시는 아이들에게 2층 공간을 어떻게 사용할지 물어보고 거기에 맞는 예산은 세웠을지 모른다. 하지만 가장 중요한 건물의 안전에 이상이 생길 수도 있다는 사실을 아이들에게 정확히 알려주었을까? 자신들이 뛰어놀 공간에 강철빔이 들어서게 된다는 것을 아이들은 어떻게 생각할까? 그리고 그렇게 된 이유가 무엇인지 아이들은 알까? 산포시의 수많은 공공건물 중에 왜 하필이면 청소년 시설에 이 발전소가 맨 처음 세워졌을까? 물론 산포시의 답변은 예상된다. "그때는 아동 친화 도시가 아니었습니다."

학교사회복지 잔혹사

2023년 2월, 한 초등학교의 학교사회복지사 선생님이 울먹이며 전화를 했다. "군포시에서 학교사회복지 예산을 삭감한다고 학교로 공문이 왔다"는 것이다. 학교에서 아이들을 위해 일하는 사회복지사는 교육청 예산으로 채용되는 교육복지사와 시 예산으로 지원하는 학교사회복지사가 있다. 그런데 작년 11월에 이미 시의회를 통과한 예산을 시에서 삭감하겠다고 공문이 온 것이다. 처음에는 전액 삭감을 이야기하다가 결국 50% 삭감을 제시했다고 한다.

학교에 사회복지사가 왜 필요한가? 노인들은 노인복지관이 있고 장애인은 장애인복지관이 있어 그곳에서 다양한 지원을 받을 수 있다. 하지만 아이들은 지역아동센터 외에 일상적으로 지원받을 곳이 없다. 물론 기초수급자나 차상위계층의 경우 지원이 가능하지만 이른바 돌봄의 사각지대에 있는 아이들은 그야말로 도움을 주고받기 어렵다. 하지만 교육복지사 혹은 학교사회복지사가 있는 경우 도움이 필요한 아이들을 찾아내어 도움을 받을 수 있도록 연결하고 학교생활에 어려움이 없도록 도와준다. 특히 코로나19 이후 아이들의 삶은 정말 어려웠다. 학교사회복지사들이 나서서 반찬 배달을 요청하고 다양한 프로그램을 통해 아이들의 정서 지원, 심지어 기초 학습 지원까지 하고 있는 실정이다. 코로나19를 지나면서 학교사회복지의 필요성을 경험한 지역(경남, 울산, 인천)에서는 교육복지사의 수를 크게 확대하고 있는 상황이다.

하지만 학교사회복지사의 수도 가장 적으면서 지속해서 사업을 줄이고 있는 지역이 바로 경기도다. 그나마 군포에서는 그동안 시에서 협조를 잘해주어 시 예산으로 지원되는 학교사회복지사 제도를 유지하고 있었다. 그런데 갑자기 이게 무슨 일이란 말인가? 군포시 학교사회복지 지원 예산은 4억 5천만 원 정도라고 한다. 다른 예산에 비하면 크지 않은 예산이다. 가장 약하고 도움이 필요한 아이들을 위한 예산을 줄여서 도대체 어디에 쓰려고 하는지 묻고 싶다. 코로나19 시기 시가 아이들을 위해 한 일이 무엇인지 묻고 싶다. 며칠간 시의원에게 연락을 하고 난리를 친 덕분에 2023년 협약은 이루어졌다. 하지만 2024년을 어찌 될지 알 수 없다.

2020년 6월 8일

며칠 전 가방에 갇혀 결국 죽음을 당한 9살 아이. 가정에서 아이들을 데리고 있는 시간이 길어지면서 이러한 사건은 늘어나는 것이 당연하다. 지역아동센터장으로 일할 때 명절이 길면 불안한 마음이 들곤 했다. 명절이 끝나고 센터에 오는 아이들 중 멍이 들어서 나타나는 아이들이 가끔 있었기 때문이다. 좁은 집에서 아이들이 싸우고 장난치고 어지르고 하다 보면 보호자들은 지치기 마련이다. 다른 지역 한 센터장님은 명절이 길어지면 센터 입구에 침낭을 두고 나왔다고 한다. 혹시 집에서 버티기 힘든 아이가 찾아올 수도 있어서.

학교에서 도움이 필요한 아이들을 찾아내고 적절한 도움을 주는 역할을 해주는 학교사회복지사가 있다. 학교에 오지 않으면 아이가 잘 지내는지 전화로 안부를 묻고 온라인 수업을 잘 듣고 있는지 과제는 밀리지 않고 있는지 확인해준다. 반찬 배달을 하면서 알게 된 한 친구는 코로나 때문에 등교를 하지 않는 시기에 아빠가 갑자기 큰 병에 걸리셨다고 한다. 아이는 평상시 자신의 이야기를 잘 들어주던 학교사회복지사 선생님께 전화를 해서 도움을 요청했다. 온라인 수업부터 과제 등록, 대체식 배달, 긴급 돌봄을 하며 체온을 재고 방문자 이름을 적고 시청에서 때때로 점검을 받게 하는 지역아동센터 선생님들의 수고는 말할 것도 없다. 그런데 이 코로나 시기에, 아이들이 가뜩이나 힘든 이 시기에 학교사회복지 사업을 포기하는 학교가 있다고 한다. 없던 사회복지사도 파견해서 아이들을 챙기고 도와야 할 이 시기에 이게 도대체 무슨 일인가!!

어른들에게도 코로나 상황은 버티기 힘든 시간이다. 전쟁이나 경제 위기가 찾아왔을 때 가장 피해를 입는 것은 아이들이다. IMF 때 방임된 아이들이 늘어나면서 만들어진 것이 지역아동센터가 아니던가? 코로나 상황에서도 마찬가지이다. 온라인 학습, 가정 안에서 돌봄은 취약 계층일수록 힘든 일이 된다. 학교에 오지 않으니 아이들은 다 괜찮을 것이라고 생각할 수 있는가? 청소년 시설과 도서관 등등 기관들이 죄다 문을 닫으니 아이들은 모두 잘 지

내고 있을 것이라고 생각하는가? 보이지 않는다고 괜찮은 것은
아니다. 이런 시기에 아이들이 어떻게 지내고 있을지 상상하지 못
하는 감수성을 지닌 사람들이 교사나 아이들을 만나는 일을 하고
있다면 그것은 정말 끔찍한 일이다. 괜찮을 것이라고 생각하는 사
이에 아이들은 가방에 갇혀서 죽고, 프라이팬에 손을 지지는 학
대를 당하고 있다. 또 아이들을 잘 가르치고 돌봐야 할 학교는 이
힘든 시기에 협약 기간도 예산도 남아 있는 학교사회복지 사업을
포기했다.

2020년 6월 9일

지난주 금요일 퇴근 직전에 전화를 받고 넘나 속이 상해 당장이
라도 사방에 알리고 찾아가서 뒤집어엎고 싶은 걸 간신히 참았다.
일단 사실 확인을 해야 하니 말이다. 속상한 마음에 찾아간 시흥에
사는 친한 선생님이 날 보더니 무슨 일이냐며 묻는다. 자초지종을
이야기하니 시흥도 그런 일이 있었다며 고개를 절레절레 흔든다.

월요일 아침부터 전화하고 확인하고 대책을 세우고 했는데 오
늘 아침 다시 채용 공고를 낸다는 소식이 들린다. 안심은 잠시이
고 또다시 불안한 줄타기는 시작되었다. 그 줄 끝에 서서 아이들
을 지키고 있는 선생님들을 생각하면 다시 속이 부글부글 끓어오
른다. 교육청은 변화된 상황을 정책에 제발 좀 반영하면 좋겠다.

교육혁신지구 사업은 왜 하는가? 마을과 학교가 함께 아이들을 잘 키우기 위해서 아닌가? 꿈의학교도 마을이 이제는 교육의 장이 되어야 한다는 의미 아닌가? 무슨 협의회를 만드는 것 말고 정말 함께 아이들을 키울 의사가 있느냐 말이다. 산업주의 시대에는 균일한 지식을 가진 노동자들을 만들어내기 위해서 동일한 교육과정이 필요했고 국가에서 이를 관리할 필요가 있었다. 하지만 4차산업혁명을 바라보는 이 시대에 도대체 학교는 왜 변화하려고 하지 않는가? 스스로도 이제는 지역과 협력하여야 한다는 필요성을 알기에 교육혁신지구 사업도 하고 꿈의학교도 하는 것이 아닌가 말이다. 지역에서 아이들을 더 잘 돌보기 위해 학교사회복지사가 필요하다고 이야기하고 예산도 마련해주고 있는데 왜 교육청과 학교가 이를 막는 것인가? 물론 진심으로 아이들을 생각하는 많은 교사들이 있다는 것은 잘 알고 있다. 하지만 10년간 군포에서 가장 힘없고 빽 없는 아이들을 위해서 일을 하다 보니 부딪히는 문제는 이 지점이다. 아이들은 우리의 미래다. 코로나 이후에도 세상은 지속되어야 하지 않는가? 최첨단 미래 산업은 우리 아이들을 잘 키우는 일이다.

2020년 6월 10일

군포 학교사회복지사업 잔혹사

(이 글은 2013년 부터 군포 내 학교사회복지사업을 수행하면서 실제로 있었던 사건을 토대로 가상의 인물 철민이의 이야기를 구성한 것입니다.)

저는 군포 당동에 살고 있는 철민이에요. 제가 이야기 하나 하려고 해요. 너무 답답해서 말이죠. 지금은 20살이라서 인턴사원이지만 취직도 하고 뭐 또래 친구들에 비해서 잘 살고 있어요. 근데 제가 어릴 때는 참 많이 힘들었거든요. 제가 3살 때 부모님이 헤어지셨대요. 저는 엄마 얼굴도 잘 기억이 안 나요. 그 이후로 한번도 만난 적이 없었으니까요. 아빠는 어린 저 때문에 엄청 고생을 하셨어요. 간신히 어린이집에 가고 초등학교에 들어간 뒤에도 아빠는 괜찮은 직장에 다니기는 어려우셨어요. 연세도 있으셨고 해서 밤에 하는 일을 하셨거든요. 그러다 보니 어린 저를 돌보기가 매우 힘드셨나 봐요. 그래도 저희 아빠는 참 인자하고 좋은 분이세요. 그렇게 힘들었어도 저를 잘 키워주셨으니 말이에요.

그때 위스타트에서 많이 도움을 받았어요. 공부방(지역아동센터)도 다니구요. 저희 집이 욕실이 없는 구조라서 센터에 저녁에 가서 샤워를 하기도 했어요. 센터에서는 엄마처럼 좋은 멘토 선생님을 연결해주셨는데 집도 정리해주시고 옷이나 학용품을 챙겨주시기도 했구요. 학교에도 학교사회복지사 선생님이 계셔서 아주

좋았어요. 담임 샘들은 제가 가끔 아침에 못 일어나서(저 혼자 일어나서 등교해야 하니까 가끔 그런 일도 있었거든요) 학교에 늦거나 준비물을 챙겨오지 않으면 혼만 내셨는데 학교복지사 샘이 저를 많이 도와주시곤 했거든요.

그러던 어느 날 복지사 샘이 그만두신다고 하는 거예요. 위스타트 사업이 끝나서 그렇대요. 그 다음부터 헬게이트가 열렸어요. 새로 오신 복지사 샘들은 한 학기를 채우지 못하고 그만두시는 거예요. 도와줘야 할 애들이 너무 많고 학교에서는 샘을 안 도와주니까 힘들어서 그랬을 거예요. 워낙 우리 학교 애들 중에 말썽꾸러기들이 많았거든요.

다행히 중학교에 가니까 거기에 복지실이 있었어요. 복지사 샘이 2명이나 계셨어요. 중학교 때도 힘든 일이 많았지만 그래도 재밌었어요. 학교에서 동아리 활동도 하고 저녁밥도 먹을 수 있고 아빠는 안심을 하셨어요. 저는 중학교 시절을 생각하면 정말 행복해요.

행복도 잠시, 고등학교에 입학하고 나서 저는 너무 충격을 받았어요. 복지실 같은 건 아예 없고 심지어 매점도 없는 거예요. 멀리서 통학하는 애들도 많았는데 맨날 배가 고팠던 것 같아요. 그리고 지각하고 뭐 좀 잘못하면 바로 짤려요. 애들도 다 사정이 있는데 샘들은 그런 거 1도 상관 안 해요. 그러다가 엄청 좋은 일이

생겼어요. 우리 학교에도 학교사회복지실이 생긴 거예요. 가면 이
야기도 들어주고 보드게임도 하고 젤 좋은 건 간식을 주는 거예
요. 삭막했던 학교에 오아시스가 생겼어요. 저만 그런 게 아니고
애들 모두 정말 좋아했어요. 복지실도 잘 꾸미고 내년에는 재밌는
활동도 더 많이 하기로 해서 우리는 모두 꿈에 부풀어 있었어요.

근데 갑자기 복지실 샘이 그만두신대요. 우리가 싫어서 가는 게
아니라 학교사회복지 사업을 교육청에서 그만두라고 했대요. 저
는 너무 슬펐어요. 친구들도 저도 어른들이 너무 원망스러웠어요.
다행히 다른 샘이 오시긴 했지만 우리 학교에 복지 샘이 오는 대
신 다른 학교에서는 아예 복지실이 없어졌다고 하더라구요. 그럼
걔네들은 어떡해요? 애들이 사고치고 부모님이랑 싸우고 학교 샘
이랑 부딪힐 때 누가 우리를 도와줘요? 상담 샘도 있어야 하지만
우리랑 같이 생활하면서 우리가 무얼 필요로 하는지 젤 잘 알아주
시는 분이 복지 샘들인데 말이에요.

학교를 졸업하고 샘들의 도움으로 지금은 회사도 잘 다니고 있
어요. 그러다가 며칠 전에 어느 학교에서 복지실이 없어진다는 이
야기를 또 들은 거예요. 심지어 코로나로 애들을 더 많이 신경 쓰
고 도와줘야 하는 이 시기에 말이에요. 선생님들은 아마 애들 파
악도 못 했을 거예요. 근데 만약에 저처럼 어려운 상황에 있는 애
들은 도대체 누구한테 도와달라고 해야 하나요? 교육청은 도대

체 왜 그러는 거예요? 교육청이 있는 이유는 아이들 때문이 아닌 가요? 부모님들이 무슨 어려운 일을 당하면 애들은 그냥 복불복인 건가요? 애들은 조금만 도와주면 잘 클 수 있어요. 저도 그랬잖아요. 제발 부탁드릴게요. 우리 동생들을 불안하게 하지 말고 도와주세요. 우리를 진심으로 아끼고 사랑해주고 도와주는 복지 샘들이 아이들이랑 함께하게 해주세요!

청소년 사이버 도박을 아시나요?

2023년 3월 18일에 받은 문자다.

제목 [kt안내] '불법 스팸 문자 전송' 아르바이트 주의 안내

[Web발신]

[kt안내] '불법 스팸 문자 전송' 아르바이트 주의 안내

최근 '초간단 단순 아르바이트' 등의 문구로 청소년들을 현혹하여 불법 도박 스팸 문자를 전송하도록 하는 아르바이트가 확산되고 있어 각별한 주의를 당부 드립니다.

■ 불법 스팸 전송을 유인하는 사례

SNS상에서 청소년들에게 '문자 100건당 1만 원 지급' 등 광고를 통해 모

바일 메신저(카카오톡 ID 등)로 친구 등록하도록 한 후, 광고 문자 문구와 전송 방법을 알려주고 다량의 휴대전화 번호를 전달해 1일 약 500건의 불법 도박 스팸 문자를 전송하게 함.

위와 같이 불법 스팸을 전송하는 행위는 명백한 정보통신망법 위반으로 형사처벌까지 가능한 범죄에 해당하며, 동법 및 통신사 이용 약관에 따라 이용 중인 휴대전화 번호가 정지되는 등 불이익을 받을 수 있습니다.

청소년 고객님 및 청소년 자녀를 두신 고객님께서는 이러한 불법 아르바이트 광고에 현혹되어 불법행위로 인한 피해가 발생하지 않도록 각별한 주의를 당부드립니다.

감사합니다.

2018년부터 군포에서는 청소년 사이버 도박 문제가 거론되었다. 아웃리치도 하고 아이들에게 설문지도 돌리고 학교를 통해서 부모님들에게 가정통신문도 배포하였다. 하지만 상황은 점점 심해지고 있었다. 대부분의 어른들은 아이들이 하는 게임 정도로 생각하고 있겠지만 한국도박문제관리센터에서 나온 강사님은 아이들의 중독 수준이 매우 심각하다고 했다. 휴대폰으로 몇 번만 터치하면 할 수 있는 사다리 타기, 스포츠토토, 달팽이 등 성인 인증 절차 없이 언제 어디서나 접할 수 있는 불법 도박 사이트의 개수는 무려 3만 개이고 한 개 사이트에서 벌어들이는 수익이 대략 1700억 원이며 전체적으로 80조 원의 돈이 오고 간다. 아이들이 쉽게 접근할 수 있도록 베팅 금액은 5천 원부터다. 아이들에게 들은 이야기로는 수십만 원까지 돈을 딸 수 있다고 했다. 센터에 다니는 청소년들에게 물어보니 아르바이트를 해서 번 돈을 80만 원까지 잃어 본 적이 있다고 한다. 등잔 밑이 어두웠다.

사이버 도박을 하려면 돈이 필요하니까 힘이 약한 아이들을 협박해 돈을 구한다. 우리 아들 학교에서는 무선 이어폰 등 도난 사건이 계속 벌어져 조사해보니 도박에 빠진 아이가 저지른 일이었다고 한다. 그러다가 사채까지 빌리게 되고 감당할 수 없게 된 아이들은 때로 극단적인 선택을 하기도 한다. 이러한 불법 도박 사이트의 서버들은 거의 해외에 있다. 몇 년 전 성남에서 들은 이야기인데 해외여행 보내준다고 아이들을 속여 해외로 보낸 다음 도박 사이트 서버 관리를 시킨다는 것이다. 돈도 못 받고 밖에 나가지도 못한 채 아이들은 방에 갇혀 서버 관리만 하다가 경찰에 잡혀서 귀국했다.

2018년 방영된 〈그것이 알고 싶다〉에서 버닝썬 VIP 고객이 누구인지 다룬 것을 본 적이 있다. 강남의 클럽에서 하룻밤에 수천만 원을 쓰며 마약을 하고도 보호를 받았던 그들은 신흥 재벌들이라고 했다. 그들이 그렇게 돈을 벌어들인 곳은

'보이스 피싱' '불법 도박 사이트 운영' 등이라고 했다. 그렇게 벌어들인 돈으로 이른바 다른 사업을 해서 신분 세탁을 한다는 것이다. 두 가지 이야기를 통해 이 메커니즘이 이해되자 속이 뒤집어지는 기분이 들었다. 보호하고 지켜줘야 할 아이들이 무방비 상태로 사이버 도박에 빠져들고 있는데 이것을 아는 어른들은 거의 없고 심각하게 생각하지도 않는다. 그러는 사이에 악마 같은 인간들은 그렇게 벌어들인 돈으로 마약 놀음을 하고 아이들은 게임인 줄 알고 도박에 빠져들고 있는 것이다.

2018년 11월 11일

지속가능한 세상을 위하여

1. 소돔과 고모라라는 아주 악한 도시가 있었다. 그래서 하나님이 불로 심판하겠다는 사인을 주셨다. 그 말을 들은 아브라함은 하나님과 딜을 한다. 만일 거기 착한 사람이 100명이 있으면 어떻게 하시겠냐고 물어본다. 하나님은 그럼 멸망시키지 않겠다고 한다. 그런데 아무리 생각해봐도 100명은 안 될 것 같아 그럼 80명이면 어떻게 하겠냐고 물어보고, 참 염치가 없지만 계속 숫자가 줄어 10명까지 숫자를 줄였다. 하지만 아무리 탈탈 털어도 그 도시에는 10명의 착한 사람이 없었고 결국 그 도시들은 망하고 말았다.

2. 아이들의 문제가 날이 갈수록 심각해지고 있다. 청소년 범죄는 어른들을 뺨칠 정도로 잔인해지고 지역에서 아이들이 일으키는 사고도 심각하다. 그래서 처벌을 더욱 강화하고 처벌 연령을 낮춰야 한다고들 이야기한다. 학교에서 아이들을 돌보시는 선생님들은 갈수록 잡히지 않는 아이들 때문에 걱정이라고 하신다. 마음을 내주는 선생님들에게도 쉽게 다가오지 않는 아이들. 어른들에 대한 불신과 분노가 가득한 아이들.

3. 요 며칠 뉴스를 보면서 생각했다. 우리 어른들은 아이들에게 어떠한 일을 해왔는가? 가정 때문에 상처를 입은 청소년들의 약점을 잡아 믿고 의지했던 교회 목사님은 그루밍 성범죄를 저질렀고, 학원 선생님은 겨우 열세 살 아이와 합의 하에 성관계를 했다고 말했다. 심지어 그들은 처벌을 받지도 않았다. 아이들이 어른들을 믿을 수가 있을까? 의지하고 자신의 어려움을 털어놓을 수가 있을까? 친부모도 학교 선생님도 교회 목사님도 믿을 수가 없다면 우리 아이들은 어디에다 자신의 고민을 이야기할 수 있을까?

4. 하나님이 나에게 사인을 주셨다. 이런 식이라면 이 세상은 지속가능하지 않다. 믿을 수 있는 어른들이 없는 세상은 아이들이 잘 자랄 수 없다.

"만약 100명의 좋은 어른들이 있다면, 아이들의 이야기를 들어주고 그들의 필요를 채워줄 수 있는 어른들이 있다면 괜찮지 않을까요?”

나는 하나님께 사정했다.

“제가 한번 모아보겠습니다.”

5. 이런 세상이라면 우리 아이들이 안심하고 자랄 수가 없을 것 같다. 우리 도시에서 100명의 좋은 어른을 찾을 수 있으면 좋겠다. 그럼 우리 아이들에게 행복한 세상이 될 수 있을지도 모른다. 우리 도시는 아직 희망을 가져볼 수 있을지도 모른다. 아니 80명의 좋은 어른들이 있으면 좋겠다. 정말 아이들의 미래를 걱정하는 단 10명의 좋은 어른들이 있다면 우리는 지속 가능한 세상을 만들어 갈 수 있을지도 모른다. 헝겊원숭이운동본부에서는 우리 아이들에게 좋은 환경이 되어줄 어른들을 찾고 있다. 우리 아이들의 고민을 들어주고 함께해 줄 어른들을 기다리고 있다.

4.

헝겊원숭이운동본부를

만들기까지

우리 아이들

2012년 기쁨지역아동센터 센터장이 된 나는 그다음 해 2013년 군포시지역아동센터연합회 회장이 되었다. 2012년부터 거점센터 사업을 맡다 보니 자연스럽게 연합회 일도 하게 된 것이다. 센터장이 되었을 때 나는 50명의 아이들을 책임져야 했다. 그런데 연합회장이 되자 14개 센터 450명의 아이들로 늘어났다. 우리 아이들이라고 말할 때 전에는 우리집 3남매를 말하는 것이었지만 센터에서 일하고 나서는 센터 아이들이 우리 아이들이었다. 기쁨에서 센터장이 되었을 때 우리 아이들에게 좋은 것을 해주려고 열심히 노력했다. 캠프도 가고 좋은 음식도 먹이고 체험도 시켜주고 좋은 프로그램은 다 해주고 싶었다. 헝겊원숭이운동본부를 하는 지금은 모든 아이들이 다 우리 아이들이다. 우리 아이들에 대한 개념이 확장되는 계기가 있었다.

한번은 어떤 아이가 센터 문을 마구 두드리는 것이었다. 무슨 일인지 물으니 기쁨에 다니는 어떤 아이가 자기 딱지를 빌려 갔는데 갚지 않았다는 것이다. 그래서 내 돈으로 딱지를 사주면서 궁금한 것을 물어보았다. 초등학교 4학년 아이가 센터 문을 두드리는 것은 흔하지 않은 일이었기 때문이다. 아이는 맞벌이 가정이었고 동생이 하나 있었다. 전에 센터에 다닌 적이 있었지만 형들이 괴롭혀서 그만두었다고 했다. 지금은 태권도만 다니고 부모님이 오실 때까지 동네에서 논다고 했다.

"혹시 센터에 다니고 싶은 생각이 있어?"

"어… 뭐 그렇기도 하고 아니기도 해요."

"그럼 부모님께 물어보고 오고 싶으면 와."

"네."

아이는 그 후에도 몇 번 센터에 왔지만 센터에 등록을 하지는 않았다. 다른 센터 선생님께 들은 얘기로는 그 아이는 '일반 가정'이라 센터에 다닐 대상이 아니라고 했다. 그렇게 잊어버리고 있었는데 몇 년 후 그 아이는 동네에서 수많은 사고를 저지르며 강제 전학을 몇 번이나 갔다는 이야기가 들려왔다. 첫 번째 사고는 우리 센터 아이가 맞은 사건이었다. 센터에 다니던 철우가 어느 날 얼굴에 멍이 들어서 왜 그러냐고 물어보니 그 형에게 맞았다고 했다. 심지어 전에는 학교에서도 맞은 적이 있는데 그때는 코피가 나서 옷이 엉망이 될 정도였다고 한다. 이번에는 동네 놀이터에서 놀다가 맞았다고 했다. 학교는 학교폭력위원회를 열었는데 철우 아빠가 처벌을 원하지 않았고 때린 아이 부모님이 아이를 잘 훈육하고 심리 상담을 받기로 합의를 했다. 하지만 사고는 그 후에도 지속되었고 결국 강제 전학을 가게 되었다. 전학 간 학교에서도 마찬가지였고 나는 이 소식을 들으며 아이가 우리를 찾아왔을 때 내가 부모님께 연락을 해서 센터에 다니게 했으면 아이가 좀 달라지지 않았을까 후회가 되었다. 물론 아닐 수도 있지만 결국 그 아이 때문에 많은 아이들이 피해를 입었고 같은 동네에 사는 우리 센터 아이들도 피해자가 되었다.

어느 날은 고등학교를 그만둔 같은 동네에 사는 청소년들이 우리 센터 1층에 기다리고 있다가 집에 가는 아이들에게 돈을 뺏은 일도 있었다. 문을 열 때마다 담배 냄새가 심하게 나는 것이 이상해서 내려가보니 그런 상황이었다. 그 청소년들은 술을 먹었는지 벌건 얼굴로 나에게 "아줌마는 뭐야! XX." 욕을 하며 대들었다. 고등학생이던 광호가 집에 가려고 내려오자 그 청소년들 중 한 아이가 갑자기 주먹으로 때려서 광호가 바닥에 넘어졌고 싸움이 벌어지게 되었다. 경찰이 오고 머리를 부딪친 광호를 병원 응급실에 데려가고 난리가 났다. 그 청소년들은 이미 경찰에서도 아는 동네에서 유명한 말썽꾸러기들이었고 경찰이 집에 연락을 해도 부모님이 오시지 않아 결국 경찰서로 넘겼다고 했다. 다행히 사건이 잘 마무리되었지만 나는 마음이 많이 불편했다. 사고를 쳐서 경찰서에 잡혀가도 데리러 오지 않는 부모라니! 그 말썽꾸러기 아이들이 한없이 안쓰러웠다. 내가 우리 아이들만 잘 돌보는 것이 무슨 소용이 있을까? 모든 아이들이 행복한 마을이 아니면 내가 돌보는 아이들에게도 피해가 간다는 것을 깊이 깨달은 시간이었다. 우리 마을에 사는 모든 아이들이 잘 성장할 수 있는 환경이 되어야 한다. 우리 아이들만 잘 키운다고 해결되는 문제가 아니다. 어떻게 하면 모든 아이들이 행복하게 자랄 수 있는 마을이 될 수 있을까? 이때부터 나의 고민이 시작되었다.

2016년 3월 7일

우리 센터에서는 아이들 심리 상담을 진행하고 있다. 연초에 상담 치료가 필요한 아이들을 선정하고 풀배터리 검사를 진행한다. 그러다 보면 가끔 경악할 만한 결과가 나온다. 예를 들어 품행 장애를 가지고 있다든지 하는 것이다. 품행 장애는 성인이 되면 이른바 반사회적 인격장애(사이코패스)로 나빠질 수 있다.

올해도 한 녀석에게서 임상 범주에 드는 결과가 나왔다. 정서적인 부분으로 채워져야 할 마음이 온통 성적인 것으로 채워져 있다는 것. 맞벌이를 하시는 부모님이 없는 동안 아이들끼리 성인물에 노출된 결과라고 한다. 학교에서 의뢰하여 최근 센터에 온 아이는 귀엽고 사랑스러웠지만 이런 문제가 있었다. 사랑 받고 감동 받고 배려 받고 이해 받고 아름답고 좋은 것으로 채워야 할 어린 시절이건만.

최근 건국대 오티 성희롱 사건을 보면서 혹시 이 아이들도 그런 것은 아닐까 하는 생각이 들었다. 이 아이들은 공부만 했지 정서적인 것을 배우지 못하고 다른 사람 입장에서 생각할 수 있는 감수성이 발달하지 못한 채로 어른이 되어버린 건 아닐까? 하는. 이렇게 자란 아이들이 어른이 되는 세상은 어떻게 될까? 하는.

별빛등대

2010년에 처음 기쁨에서 중고등부를 맡으면서 아이들과 나에게는 한 가지 소원이 생겼다. 중고등부만의 공간을 마련하는 것이다. 이미 초등학생들이 25명이 넘는 상황에서 스무명이 넘는 중고등부 아이들은 센터에 있을 곳이 없었다. 저녁 식사 이후에 와서 밥 먹고 저녁에만 센터를 이용할 수 있었다. 특히 방학 때가 문제였는데 방학 때도 일찍 센터에 올 수 없었다. 법인에서는 청소년 센터를 새로 설립하고 싶어 했지만 여건이 마련되기 어려웠다. 공간은 어찌 구하고 2년 후에 보조금을 받을 수 있어도 그동안 자부담으로 운영할 예산이 만만치 않았기 때문이다. 무슨 방법이 없을까 백방으로 궁리를 했다. 당시 서울시에서 시범 사업으로 운영하고 있는 청소년 카페를 보고 우리도 청소년 카페를 해보면 어떨까 하는 생각이 들었다. 지역아동센터는 등록된 아이들만 올 수 있지만 청소년 카페는 오고 싶은 아이들이 모두 올 수 있는 공간이라는 점이 마음에 들었다. 센터 1층에 식당이 있었는데 문을 닫고 1년 넘게 운영을 하지 않고 있어 이곳을 청소년 카페 장소로 점찍어 두고 있었다.

2014년에 생각지도 않게 청소년 공간 보증금을 후원해주 겠다는 후원자가 나타났다. 기쁜 마음으로 건물주에게 전화를 걸었는데 공교롭게도 3일 전에 계약을 했다는 것이었다. 당연히 아래층을 임대할 수 있을 거라고 생각했는데 당황스러웠다. 우리 건물 앞에 있던 책방 아주머니가 내 얘기를 듣고는 바로 옆 건물주가 1층에 식당을 접을 생각인데 거기 한번 알아보라고 나에게 귀띔을 해주셨다. 아직 부동산에 내놓지도 않았을 때지만 물어보니 옆 건물주는 우리가 임대를 한다면 대환영이라고 했다. 센터가 이사 와서 수년간 월세를 잘 내고 있다는 사실이 소문이 난 것이었다. 당시에 많은 사람들이 창업을 했다가 망하는 경우가 많아 월세를 제대로 받는 건물이 그 골목에는 거의 없었다. 시청 청소년과에서도 군포1동 쪽에 청소년 카페를 만들 생각이 있었는데 마침 우리의 계획을 들었다며 하반기에 함께 추진해보자고 연락을 해왔던 터였다.

보증금과 카페를 운영할 예산 문제가 해결이 되자 법인에 보고를 하고 공간을 계약했다. 하지만 미처 생각하지 못한 변수가 생겼는데 우리와 함께 사업을 진행하기로 한 팀장님이 발령이 나버린 것이다. 새로 부임한 팀장님은 우리와 함께 사업을 추진할 마음이 전혀 없었다. 공간은 계약했는데 더 이상의 사업 추진이 어려워진 것이다. 법인에서는 무리한 사업 추진의 책임을 나에게 물었고 지역아동센터 설립을 알아보았으나 설치 면적에 미치지 못해 불가능한 상황이었다. 나는 허락만 해주시면 모금을 해서 공간을 꾸미고 운영해보겠다고 법인에 요청을 했지만 허락은 쉽게 나지 않았다.

2015년 5월, 군포청소년지원네트워크에서 이곳이 지역사회에 꼭 필요한 청소년 공간이라는 요청에 힘입어 청소년 카페 설립 추진을 허락받았다. 메르스가 한창이던 2015년 6월

23일 후원 행사는 대성공을 거두어 인테리어 비용과 6개월 치 운영비를 마련하게 되었다. 군포시에서도 에어컨, 냉장고 등 전자 제품을 지원해주었다. 이곳이 2023년 현재 밥먹고놀 자 식당이 된 별빛등대이다. 별빛등대라는 이름은 우리 중고 등부에 다니던 상현이가 지은 것인데 당시에 10만 원을 걸고 공모를 했다. 상현이는 별빛등대의 의미를 청소년들은 별이 고 별들이 길을 잃지 않도록 빛을 비춰주는 등대라는 의미라 고 했다. 상금을 받은 상현이가 아이들에게 통 크게 치킨을 사줬던 기억이 지금도 새록새록하다. 지금은 기쁨지역아동 센터가 있던 건물도 없어지고 반대쪽 건물도 철거되었지만 별빛등대가 있는 건물은 아직도 남아 있다. 별빛등대는 그후 청소년들의 공간으로 기쁨지역아동센터 아이들의 프로그램 실로, 때로는 연합 동아리 활동 장소로 활용되었다.

1000명의 헝겊원숭이 찾기

2013년부터 2015년까지 3년간 지역아동센터연합회장과 거점지역 아동센터 역할을 하면서 교육 나눔 꿈두레 활동 까지 하다 보니 센터 밖에서 일하는 시간이 점점 늘어났다.

2016년 3년에 한 번 있는 지역아동센터 평가를 마치고 기쁨을 그만두기로 마음을 먹었다. 아이들을 위해 조금 더 좋은 환경을 만들기 위해서는 네트워크 사업이 필요하고 네트워크라는 것은 사람 곧 아이들과 함께 일하는 선생님들 그리고 자원봉사자와 후원자 등 지역사회의 많은 사람들을 엮어내야 하는 일이었기에 여기에 집중하고 싶었다. 2017년부터 교육 나눔 꿈두레 사무국장을 맡고 군포와 경기도를 넘어 활동을 하게 되었다. 당시 꿈두레에서 진행하던 아하교육에서 김진경 선생님의 '바보야, 문제는 헝겊원숭이야'는 우리에게 많은 통찰을 주는 강의였다. 우리는 헝겊원숭이운동을 해보자고 2017년 계획을 세웠는데 센터를 그만두고 여유가 있던 내가 먼저 나섰다.

2016년 11월 30일 군포 대야미마을협동조합 사무실을 빌려 '바보야, 문제는 헝겊원숭이야' 특강을 했다. 지역아동센터에서 일하는 선생님들이나 학교사회복지사 등 아이들을 직접 만나는 선생님들이 많이 참석했지만 일반 시민들의 참여를 독려하기 위해 사전 홍보도 열심히 하고 강의 장소도 그 부분을 고려하여 정했다. 30여 명이 모여 진행되었던 특강은 이후 헝겊원숭이와 관련한 큰 이벤트를 앞둔 사전 포석 같은 것이었다. 그날의 강좌는 꽤 성공적으로 마쳤고 강의에 참여하신 분들이 근처에서 있었던 뒷풀이에도 거의 대부분 참석해 김진경 선생님과 대화를 나누었다. 우리는 나름 원대한 계획이 있었는데 전국에 1000명의 헝겊원숭이를 지정하는 것이다. 1번부터 1000번까지 헝겊원숭이들이 좋은 어른이 되겠다는 약속을 하는 퍼포먼스를 하는 이벤트가 그것이었다. 배지도 만들고 차량용 스티커도 제작해서 헝겊원숭이가 되어주자는 캠페인을 할 생각이었다.

그 첫 번째 시작은 군포가 되었다. 딸아이가 헝겊원숭이를 디자인해 주어 배지도 만들고 차량용 스티커도 제작했다. 사전에 헝겊원숭이를 모집하여 번호를 부여하고 헝겊원숭이운동본부 발대식 날을 잡아 선서도 하고 증서도 수여하기로 했다. 처음에는 50명 정도만 해도 좋을 것 같다고 생각했다. 그런데 『군포시민신문』을 운영하던 김정대가 그냥 100명 채우라며 "100인 선언 정도는 해야 안 되겠냐"고 해서 준비 모임에서 좀 더 사람을 모아보기로 했다. 대야미에 있는 '둔대초 아이들을 사랑하는 아버지 모임'(둔사부) 회장님이 적극 도와주고 군포청소년지원네트워크(청지넷)의 학교, 복지관 등 여러 단체에서도 적극 홍보에 나서 주었다. 2017년 5월 23일 군포 헝겊원숭이운동본부 발대식에는 100명을 훌쩍 넘어 169명의 사람이 좋은 어른이 되겠다는 선언에 동참하였고 30명이 들어가면 꽉 차는 대야미협동조합 사무실에는 70명이 넘는 사람들로 북적거렸다. 헝겊원숭이가 되겠다는 사람들은 그날 이후에도 지속적으로 신청을 해 무려 185명이 되었다. 둔사부 유성인 회장님이 사회를 맡고 1부에서 김진경 선생님의 특강, 2부에서는 군포주몽종합사회복지관 박원희 관장님, 경기폴리텍고 박영선 교감 선생님, 대야미마을협동조합 강선영 이사장님, 경기도의회 정윤경 의원님이 대표로 '헝겊원숭이 100인 선언식'을 진행하였다.

우리는, 어른 없는 사회, 아이들의 헝겊원숭이가 되겠습니다.

우리는, 세대와 세대를 이어 다음 세대에게 희망을 주는 헝겊원숭이가 되겠습니다.

우리는, 우리 교육의 위기, 아이들의 위기를 해결할 헝겊원숭이를 우리가 만들어 가겠습니다.

우리는, 생활 생태계 재구축을 통해 미래 사회의 기반을 마련할 헝겊원숭이 연대 활동에 참여하겠습니다.

이를 위해 생명 사랑을 바탕으로 가장 작은 실천으로부터 시작하겠습니다.

3부에는 당시 발간되었던 공동 시집 『봄흙처럼 고와라, 사회적 엄마』 시화전을 근처에서 열어 오신 분들이 참여하였다. 헝겊원숭이운동본부 발대식은 당시 군포에서 큰 센세이션을 일으켰던 것 같다. 중소 도시였던 군포에서 헝겊원숭이로 참여하겠다는 사람이 185명이나 되었다는 것도 당일 행사에 참석한 사람들이 많았던 것도 지역에서 이슈가 되었다. 발대식이 끝나자 어찌 알았는지 정당 인사들과 시민사회단체 분들이 나를 찾아왔고 많은 곳에서 연락을 받았다.

다음 날 아침 일찍 젊은 청년이 나를 만나고 싶다고 찾아왔는데 벨류브릿지 송창현 대표였다. 송 대표는 헝겊원숭이가 너무 좋은 취지의 활동이라며 나를 돕고 싶다고 했다. 사실 당시 헝겊원숭이운동은 내용이 별로 없었다. 좋은 어른이 되자고 했지만 좋은 어른에 대한 구체적인 상도 없었고 지역사회 생태계를 재구축하자고 했지만 어떻게 해야 할지 방법도 구체적이지 않았다. 송창현 대표는 디자인 싱킹 강의를 하시는 분이었는데 초기에 모임을 이끌어 헝겊원숭이의 기초를 세우는 데 많은 도움을 주었다.

내가 뭘 하면 될까요?

발대식 다음 날부터 많은 사람들에게서 전화를 받았다. 아이들을 위한 좋은 어른이 되겠다는 약속을 하고 번호를 부여받은 헝겊원숭이들의 전화였다.

"선생님, 내가 뭘 하면 될까요?"

"회비를 내야 하나요?"

"모임 안 해요?"

사실 헝겊원숭이운동은 전국의 1000명의 헝겊원숭이를 지정하고 아이들을 위한 좋은 어른이 되자는 캠페인을 하기 위한 사업이었다. 그래서 딱히 이후의 계획이라는 것이 없던 상황이었다. 하지만 순전히 100번부터 285번까지 지정을 받은 185명의 군포 헝겊원숭이들의 성화에 못 이겨 한 달만에 헝겊원숭이 후속 모임을 마련하게 되었다. 모임에서 무엇을 할지도 몰랐지만 송창현 대표 덕분에 모임은 지역 아이들 관련 이슈를 찾고 아이들에게 필요한 것이 무엇인지 그리고 우리가 할 수 있는 일은 무엇인지 고민하는 자리가 되었다. 한 달에 한 번 모임은 지속되었다. 참여하는 사람들은 조금씩 달라졌지만 그 열의는 수그러들지 않았다. 결국 10월 모임에서 조직을 만들어야 한다는 이야기가 나오기 시작했다.

11월 워크숍을 앞두고 나는 고민에 빠졌다. 당시에 교육나눔 꿈두레에서도 유일한 상임이자 실무자였고 군포에서도 별빛등대 대표로서 네트워크 사업에서 맡고 있는 일이 있었기 때문이다. 다른 사람들은 몰라도 조직을 새로 만드는 일에 얼마나 많은 에너지와 자원이 들어가야 하는지 잘 알고 있는 나로서는 여러 가지가 고민이 되었다. 사단법인을 만들려면 사무실도 있어야 했고 기본 자산 5천만 원과 회원 100명 이상의 조건이 있어야 가능한 상황이었다. 사무실과 회원은 어찌 마련한다 해도 5천만 원을 어디서 마련한단 말인가? 그런데 5천만 원을 내겠다는 후원자가 나섰고 사무실 문제도 해결되었다. 사업하는 내 동생이 5천만 원을 주겠다고 하고 둔사부 유성인 회장이 자기 사무실을 같이 쓰면 된다고 했다. 그래도 아직 마음을 정하지 못하고 있을 그때 다니던 교회에 목사님이 새로 부임하셔서 심방을 오셨다. 별빛등대에 앉아서 이런저런 이야기를 나누다가 나의 고민을 말씀드리자 목사님은 간단하게 답을 주셨다.

"집사님. 헝겊원숭이를 하세요. 가만히 생각해보세요. 누가 억지로 이렇게 하려고 해도 안 되는 일이 지금 어떤 흐름을 타고 자연스럽게 진행되고 있지 않습니까? 그럼 하셔야 됩니다."

목사님의 말씀을 듣고 깨달은 바가 있어 마음의 결정을 내렸다. 준비 모임을 하던 분들에게 결심했다고 하니 모두들 좋아했다. 헝겊원숭이 워크숍을 성남 꿈두레 사무실에서 마치고 사단법인을 만들기 위한 준비에 돌입했다. 당시 사무실이라고 해야 사무실을 같이 쓰게 해준 무전기 회사 한쪽에 책상 두 개가 우리 사무실의 전부이긴 했지만 사무실을 꾸미고 총회를 위해 발기인과 회원을 모집했다. 정말 많은 분들이 참여해주셔서 어렵지 않게 회원과 발기인이 정해졌고 이사도 선임되었다. 초대 이사장은 보다 많은 사람들의 참여를 유도하기 위해 이천화 선생님이 맡기로 했다. 헝겊원숭이 특강 때부터 한번도 빠지지 않고 참여해준 이천화 선생님은 일반 회사에 다니는 회사원이었지만 아이들에 대한 마음이 남달라 초등학교에서 목공 수업을 하기도 했고 후원과 자원봉사 활동에 열심인 분이었다. 이천화 선생님은 기쁜 마음으로 초대 이사장을 맡아주기로 했고 둔사부 유성인, 양성모, 정윤경, 그리고 기본 자산을 후원해준 김도훈, 그리고 김보민이 이사진을 맡기로 했다. 회원 100명도 금세 모여졌고 10만

원씩 출자한 발기인들도 50명가량 되었다.

2018년 1월 25일 영하 20도의 강추위에도 40여 명이 참석한 헝겊원숭이운동본부 창립총회가 사무실에서 거행되었다. 서툴고 부족한 것투성이었지만 아이들을 위해 좋은 어른이 되겠다는 마음을 모은 뜻깊은 모임이었다. 창립총회를 마치고 우리는 헝겊원숭이운동본부를 알리기 위해 열심히 노력했다. 여러 가지 행사에도 참여했는데 당시 동계올림픽의 붐을 타고 인기 있던 컬링을 아크릴판 위에서 할 수 있는 버전으로 변형해서 철쭉 축제와 어린이날 행사에서 재연했는데 결과는 인기 만점이었다. 이런 아이디어는 모두 사무실에서 만들어졌다. 매일같이 회원들이 모여 토론도 하고 아이디어도 내고 놀았던 것 같다. 헝겊원숭이운동본부의 비전과 미션, 그리고 좋은 어른은 어떤 어른인가 하는 토론과 공부도 계속되었다.

엄마품 멘토링

2016년 기쁨지역아동센터에 있을 때 군포청소년지원네트워크에서 함께 진행한 사업 중에 엄마품 멘토링 사업이 있었다. 엄마품 멘토링은 엄마의 품과 같은 멘토링이란 의미로 엄마의 돌봄이 필요한 아이들을 위해 기획된 사업이었다. 원래 이 사업은 관악교육복지지원네트워크에서 벤치마킹한 사업이다. 관악구 신원초등학교 조남기 교장 선생님은 먹고 입고 씻는 기초 생활 습관도 제대로 되어 있지 않고, 옷도 계절에 맞지 않게 입는 아이들의 상황을 알아봤는데 부모님의 부재나 부모님이 질병을 앓고 있어서 돌봄이 이루어지지 않는 게 원인이라는 것을 알게 되었다. 조남기 선생님의 제안으로 시작된 엄마품 멘토링 사업은 학교 안에 목욕탕을 만들어 아이들을 씻기고 기초 생활 습관을 익히는 것부터 공부까지 같은 지역에서 자원한 엄마들이 맡아주는 사업이었다.

군포에서는 2016년에 돌봄 사업을 하는 마을기업 좋은터와 함께 엄마품 멘토링을 시작하였는데 음식을 매개로 아이들을 만나는 사업이었다. 고등학생들을 대상으로 한 아침밥 지원 사업, 생일 파티를 해본 적이 없는 아이들을 위한 생일 파티, 그리고 음식을 만들어 먹으며 생활 습관과 정서적 안정을 찾아가는 일대일 성인 멘토링이 사업의 내용이었다.

엄마품 멘토링에 참여한 아이들의 변화는 놀라웠다. 상담을 해도 마음의 문을 잘 열지 않던 아이들이 엄마품 멘토링에서는 금방 멘토에게 마음의 문을 열었다. 드림스타트 사례

관리자들도 10년을 지원해도 달라지지 않던 가정인데 아이
의 변화를 보고 놀랐다고 했다. 멘토를 맡은 분들은 우리 지
역에 이렇게 어려운 아이들이 살고 있었는지 몰랐다며 옷이
나 신발을 구해주시기도 하고 집에 식사 초대를 하기도 하였
다. 이후 이 사업은 드림스타트에서 예산이 편성되어 수년간
시에서 운영하는 사업이 되었고 시흥에서 벤치마킹하기도
했다. 산본공고에서 진행되었던 아침밥 지원 사업 역시 언론
에 보도되는 등 이슈가 되었는데 요즘은 아침밥 사업을 진행
하는 학교가 많지만 당시에는 드물었기 때문이고 역시 아이
들의 변화가 컸기 때문이다. 산본공고는 경기 남부 전역에서
학생들이 오다 보니 아침을 먹지 못하고 오는 아이들이 대부
분이었다. 저녁에는 아르바이트 하느라 밥을 거르기 일쑤였
고 학교에서 먹는 점심밥이 유일한 식사인 아이들이 많았던
것이다. 학교에 오면 책상에 엎드려 있는 아이들이 대부분이
었는데 어느 날부터 아이들이 아침부터 축구를 하고 뛰어놀
길래 교장 선생님이 물어봤다고 한다.

"오늘 왜 이렇게 기분이 좋아?"

아이들은 큰 목소리로 대답했다.

"오늘 아침밥 먹었잖아요!!"

아침밥을 가지고 가는 시간이 8시인데 아이들은 7시 40분

부터 기다리고 있었다. 처음에는 50인분을 준비했는데 8시 10분이면 소진이 되어 100인분으로 늘렸지만 역시 8시 20분이면 완판되었다. 아침밥을 먹는 곳은 2층 복지실이었는데 덩치가 커다란 남자아이들이 막 뛰어오면서 "엄마품 하러 왔어요" 하던 모습이 지금도 기억난다. 엄마품 멘토링이 왜 그렇게 각광받는 프로그램이었을까?

아이들은 기본적인 생존을 위한 먹을 것도 결핍이 되어 있는 상태였다. 배고픈 아이들이 무엇을 할 수 있을까? 공부도 진로에 대한 고민과 계획도 친구들과 노는 것도 힘들다. 산본공고 학교사회복지실이 처음 생겼을 때 복지사 선생님이 아이들에게 동아리 하자고 하면 아이들은 의욕이 없고 '배고프다'는 말만 했다고 한다. 다음으로 아이들에게 중요한 것은 관계에 관한 욕구이다. 따뜻한 보살핌을 받고 싶은 것이다. 자신의 존재에 대한 긍정과 인정을 해주는 어른이 있어야 안정감을 느끼며 음식을 먹는 것이다. 그러니 효과가 나타날 수밖에 없었다. 산본공고 아침밥 사업을 할 때 방문했던 어른들은 청소년 아이들에 대해 약간 거부감이 있었는데 와서 보니 아이들이 덩치는 커도 착하고 귀엽다고 했다. 아이들이 반항심을 가지고 삐딱하게 행동하는 것은 두려움과 불안함 때문이다. 안전과 호의가 확인된 상황에서는 순해진다. 먹거리만 지원하는 것이 아니고 사람이 함께 가는 것, 우리 헝겊원숭이 사업의 특징 중 하나다.

학기 중에는 어찌어찌 해결이 되지만 방학이 문제였다. 교육복지사 선생님들에게 방학 중에 아이들이 밥을 잘 챙겨 먹지 못한다는 이야기를 듣고 우리는 방학 중 맛있는 한 끼 푸드박스 지원 사업을 시작했다. 첫해에 250만 원을 모금해 아이들에게 인스턴트 먹거리를 보내주었다. 이 사업은 헝겊원숭이운동본부의 중요한 사업 중 하나인 밥먹고놀자 식당의 모태가 된 사업이기도 하다.

5.

아이들이
행복한
세상

우연한 시작

2018년 여름방학 먹거리 지원 사업을 협의하기 위해 마을 기업 좋은터 권연순 대표와 군포시 주몽종합사회복지관 황윤희 팀장과 함께 만난 자리였다.

"이렇게 인스턴트 식품만 먹어서 마음이 그렇네요."

"맞아요. 따뜻한 밥을 줄 수 있으면 좋을 텐데 말이에요."

당시 푸드박스에는 즉석밥과 레토르트 국, 김, 깡통 햄, 시리얼, 멸균우유 등 배송 중 상하지 않는 음식을 보낼 수밖에 없었다. 냉동식품도 아이들 집 상황을 알 수 없기 때문에 더운 여름날 자칫 상할까 보낼 수가 없었다.

"우리 사업계획서 한번 제출해볼까요?"

내가 제안하자 두 분 다 좋다고 했다. 황 팀장은 복지관 관장님의 허락까지 바로 받았다. 3년간 5억 원까지 지원해주는 나눔과 꿈 사업의 마감이 2주일 정도 남은 시점이었다. 함께 모여 엄마품 멘토링, 반찬 배달, 그리고 아이들이 파악이 안 되는 곳에서 푸드트럭을 운영하는 것으로 사업 내용을 정하고 대략 사업계획서를 작성했다. 복지관 감사가 서류 제출

이틀 전이라 제출 하루를 남겨놓고 좋은터에서 만나 황 팀장과 나는 정신없이 사업계획서를 마무리했다. 그 정신없는 와중에 황 팀장이 사업명을 생각해 왔는데 무척 마음에 들었다.

"맘마미아, 어때요? '아름다운 맘으로 마음이 아름다운 아이들을 키운다'."

계획서를 제출하고 우리는 선정될 것이라는 기대는 크게 하지 않았다. 처음 도전이기도 하고 경쟁률이 엄청나다고 들었기 때문이다. 하지만 마음과 달리 발표일이 다가올수록 기대가 되었다. 발표일 날 서울에서 모임을 마치고 군포로 내려오던 길이었다. 떨리는 마음으로 휴대폰으로 결과 발표 창을 열었다. 먼저 대표 기관이었던 주몽종합사회복지관이 있나 'ㅈ'쪽부터 살폈다. 역시 없다. 그럼 어떤 곳이 선정되었나 궁금한 마음에 'ㄱ'부터 다시 살피는데 군포시주몽종합사회복지관이 보이는 것이 아닌가! 원래 명칭이 '군포시주몽종합사회복지관'이었던 것이 떠올랐다. 바로 황 팀장과 통화를 하면서 기쁨을 나누었다. 당시 이사장이었던 이천화 선생님도 오매불망 소식을 기다리고 있다가 뛸 듯이 기뻐하며 푸드트럭을 하려면 승합차를 사야 하니 모금 계획을 세우자고 한다. 아직 2차 프레젠테이션이 남아 있었지만 마음은 이미 사업을 시작하고 있었다.

2019년 2월 27일

오늘은 우리 법인 총회이자 맘마미아 사업 발대식 날이다. 작년 1월 영하 20도의 추운 날씨에 헝겊원숭이를 위해 모여주신 마음 따뜻한 회원님들. 사무실에 앉을 자리가 없을 정도로 참석해주신 분들 덕에 행복한 날이었다.

2017년 전국에서 제일 먼저 시작한 헝겊원숭이 발대식이 군포에서 있었다. 거의 70여 명이나 참여해주셔서 깜짝 놀랐었는데, 아이들을 위한 좋은 어른이 되어주겠다고 참여하신 분들이 총 185명이었다. 발대식 이후 후속 모임에 대한 말씀을 계속해주셔서 헝겊원숭이운동을 어떻게 펼쳐나갈지 아홉 번의 모임을 거듭한 끝에 사단법인 헝겊원숭이운동본부가 만들어지게 된 것이었다.

헝겊원숭이운동은 좋은 어른 되기 운동이다. 좋은 어른이 무엇이냐고 물으신다면? 아이들의 입장에서 이해하고 생각해주는 어른이다. 마을 공동체와 가족공동체가 거의 해체되어 마음 둘 곳이 없는 아이들. 요즘 아이들에게서 나타나는 여러 가지 문제들은 아이들을 둘러싸고 있는 건강한 마을 생태계가 파괴되어 나타난다고 생각한다. 늦게 돌아오는 부모를 대신해서 저녁을 먹었는지 관심을 가져주는 이웃 어른, 엄마에게 혼나고 달려가서 위로받을 수 있는 따뜻한 할머니의 품. 이런 것이다.

창립총회를 하고 일 년 간 참으로 열심히 달려왔다. 헝겊원숭이
운동본부 발대식까지만 생각하고 있었던 나는 사실 인생의 궤도
를 수정하고 지금 헝겊원숭이운동본부에서 열심히 일을 하고 있
다. 이 일을 시작하며 만나는 좋은 사람들 덕분이고 새롭게 할 수
있는 재미난 일들 때문이다. 2019년에는 또다시 어떤 새로운 사
람들을 만날까? 또 헝겊원숭이운동본부는 어떤 일을 할 수 있을지
가슴이 두근두근하다.

맘마미아 사업

사회복지공동모금회 나눔과꿈 사업의 지원을 받게 된 맘
마미아 사업은 크게 세 가지로 구성되어 있다. 첫 번째는 엄
마품 멘토링 사업을 계승한 '엄마 친구가 간다', 두 번째, 반
찬 배달을 하는 '푸드키다리가 되어줄게', 그리고 세 번째로
군포 내 두 곳의 어린이공원에서 진행되는 푸드트럭 '얘들아
밥 먹고 놀자'이다. 이 사업에서 헝겊원숭이운동본부는 반찬
배달 사업과 푸드트럭을 맡았다. 자원봉사자가 많이 필요한
부분을 우리가 담당하게 된 것이다. 2019년 새해가 밝자마
자 우리는 트럭 구입을 위한 모금 활동을 시작하였다. 이천

화 선생님이 개발한 '종이 책상을 클라우드 펀딩'을 하고 티
셔츠도 제작해서 팔았다. 한편에서는 반찬 배달 자원봉사자
인 푸드키다리를 모집하고 교육해야 했다. 다양한 분들이 자
원봉사자로 지원해주었는데 회사원, 청년, 동네 주민, 은퇴
하신 분, 학교 선생님도 있었다. 우리는 반찬만 배달하는 것
이 아니라 아이들의 안부를 묻는 것도 푸드키다리의 중요한
역할로 정했고 그러다 보니 교육은 필수였다. 3주간 토요일
에 6시간 이상의 강의와 실습을 했다. 얼마나 열의가 넘치는
지 주최자인 우리가 감동받을 정도였다. 외국 출장에서 돌아
오자마자 교육받으러 오신 분도 있었고, 수술이 끝나자 바로
달려오신 분도 있었다. 대상자는 군포청소년지원네트워크
소속 기관을 통해 추천을 받자 금방 모집이 완료되었다.

첫 배달이 있는 날 맛있게 조리된 반찬이 도착하고 반찬
배달이 시작되었다. 남자 봉사자 한 분이 "아무래도 아이들
이 나를 무서워할 것 같다"면서 같이 가 달라고 요청을 하신
다. 아이들을 만날 생각에 긴장을 한 것 같아 기꺼이 동행해
드렸다. 교육 중에는 역할극도 있었는데 실제로 아이들을
만나면 무슨 이야기를 어떻게 할지 연습을 하는 것이다. 많
은 분들은 집 찾기가 어렵고 주차할 곳이 없어 애를 먹었다
고 한다. 주로 아파트에서 살았던 분들이 다세대주택이 빼곡

한 구도심에서 집을 찾으려니 얼마나 어려웠을지 대강 짐작이 갔다. 매주 금요일이면 푸드키다리분들 중에 오실 수 있는 분을 확인하고 배달할 곳을 나눈다. 한 분이 같은 곳을 가는 것이 원칙이지만 개인 사정이 생기면 다른 분이 대신 갈 수도 있다. 어버이날이나 명절 무렵에는 많은 봉사자분들이 개인 일정 때문에 참여를 못 하는 경우가 생기기도 했다. 그럴 때는 우리가 배달을 할 수밖에 없었다. 최고로 배달을 많이 했던 적은 혼자서 스무 곳 정도를 했던 것 같다. 그러다 보니 배달의 달인이 되었다. 도로명 주소는 길 양옆으로 홀수, 짝수 건물 번호가 매겨진다는 것도 알았고 지금도 주소만 들으면 대강 어느 동네인지 알 정도가 되었다.

2020년 4월 27일

2019년 2월부터 시작된 맘마미아 푸드키다리 활동은 아이들에게 '엄마손맛반찬'을 전달해주고 안부를 살피는 좋은 이웃이 되어주는 활동이다. 2019년 4월부터 2020년 4월까지 1년간 55명의 아이들에게 한 달에 두세 번 엄마손맛반찬을 전달해 주었다. 활동에 참여한 푸드키다리—반찬 배달을 하는 자원활동가를 부르는 호칭—는 총 20명. 한 번 활동에 거의 15명 이상이 참여해 주셨다. 푸드키다리님들은 회사원, 주부, 퇴직자, 경찰 등 다양한 분들이 활동하고 있다. 한 분이 두 명에서 네 명의 아이들을 담당하고 있으며 지속적으로 같은 아이에게 반찬을 전달해준다. 처음 해보는 반찬 배달 사업이라 준비가 많이 부족했는데 필요했던 보냉백, 반찬통 등을 푸드키다리님들이 후원해주셔서 마련하기도 하고 우리 활동을 보고 감동을 받으신 분들이 식구가 많은 아이들을 위해 추가 반찬을 조리해서 보내주기도 하셨다. 그뿐인가. 김장김치, 과자, 레트르트 식품, 곰국, 계란 등 지역의 여러 기업과 개인들의 후원은 지속되었고 아이들에게는 풍성한 먹거리가 전달될 수 있었다. 우리가 준비한 것은 아이들의 반찬 재료비밖에 없었지만 필요한 모든 것이 지역의 따뜻한 이웃의 힘으로 마련되는 것을 볼 수 있었다.

푸드키다리님들과 아이들은 만남을 거듭할수록 친해졌다. 처음에는 문도 잘 열어주지 않았지만 시간이 지날수록 반갑게 인사했고 와서 친근하게 안기면서 고민을 털어놓기도 했다. 부모님들의 변화도 반가운 일이었다. 오랫동안 사례관리를 받던 집이었는데 외부 활동에 아이들을 보내는 것을 극도로 꺼리는 가정이 있었다. 작년에 헝겊원숭이에서 준비했던 가족 나들이 행사에 참여 의사를 물었는데 선뜻 참여 의사를 밝혀 관계자들이 깜짝 놀랐다고 한다. 다리를 다쳐서 참여하지 못했던 키다리님이 다리가 아물자마자 다시 배달에 나섰던 일화, 키다리 활동을 시작으로 지역에 다양한 봉사활동에 참여하게 되었다는 분, 자녀들과 함께 배달을 하시기도 하고, 배달을 하시면서 정기후원을 시작하시는 분, 주변 분들에게 후원 신청서를 매번 받아오시는 분 등.

　푸드키다리님들은 눈부신 활약을 해주셨다. 마지막 배달을 앞두고 아쉬워하시던 푸드키다리님들은 아이들에게 손 편지를 써 주시기도 하고 마지막 인사하는 시간을 가졌다. 취업을 한 아이, 자주 배가 아팠는데 부쩍 키가 크고 건강해진 아이, 장학 기관과 연계되어 지원을 받게 된 아이들은 이제 혼자가 아니고 주변에 든든한 울타리가 되어줄 이웃이 생겼다. 몇 번씩 고맙다고 일 년간 너무 큰 도움을 받았다고 인사하는 부모님들과 보호자님들을 뒤로한 채 5월부터는 새로운 아이들에게 엄마손맛반찬을 배달한다. 모든 아이들이 내 아이인 것처럼 안타깝고 또 따뜻한 마음으로 아이들을 떠나보낸다. 일 년간 비가 오나 바람이 부나 배달에 참여한 모든 푸드키다리님들과 맛있는 엄마손맛반찬을 만들어주신 좋은터 조리 봉사팀이 정말 감사하다. 못 오신 분들을 위해 동분서주하며 배달을 하기도 하고, 무릎이 아픈 가운데서도 높은 계단을 무거운 줄도 모르고 오르내리며 배달해주신 푸드키다리님들, 당신들이 진정한 히어로입니다.

푸드트럭, 애들아 밥먹고 놀자

배달이 익숙해질 무렵 우리는 승합차를 구입하고 개조를 시작했다. 9월부터 시작되는 푸드트럭 애들아밥먹고놀자 사업을 준비하기 위해서이다. 푸드트럭 사업은 우리에게 있어 큰 도전이었다. 여기는 대상자 추천도 없고 모든 것을 우리 손으로 해야 했다. 공원 사용 허가도 받아야 했고 음식을 조리할 장소도 구해야 해서 낮에 사용하지 않는 마을 주점 가양주작의 주방을 빌려 준비했다. 개조한 승합차에 천막, 테이블, 의자, 현수막, 발전기 등을 차곡차곡 싣고 마지막으로 조리된 음식까지 실으면 공원으로 출발한다. 공원에 도착하면 적당한 곳에 주차를 하고 짐을 모두 내린 뒤 천막을 치고 테이블을 깔고 의자를 펼치고 현수막을 건다. 그리고 음식을 세팅한다. 모든 준비를 마치고 나도 아이들이 올지 안 올지 알 수 없다.

첫날 시범적으로 100인분의 음식을 준비해서 노루목공원으로 갔다. 노루목공원에는 노인정이 있었는데 할머니들이 우리에게 이야기를 해주셨다. "이 동네 애들 없어." 할머니들의 말씀처럼 첫날 온 아이들은 9명이었다. 준비한 밥이 많이 남아 교전공원으로 향했다. 그곳에서도 소수의 아이들을 만날 수 있었다. 시범 운영을 마치고 남은 음식을 정리하고 대형 그릇 설거지를 하고 나니 밤 10시가 다 되었다. 푸드트럭은 2시부터 음식을 만들고 4시에 공원으로 이동을 한다. 4시부터 설치를 시작해 8시까지 운영하는데 이천화 선생님, 홍슬희 사무국장, 직원 1명, 배식 자원봉사자, 놀이 자원봉사 2명, 그리고 내가 운전을 담당하였다. 시범 운영을 마치고 나서 공원 선정이 잘못된 것은 아닌가 하는 걱정들이 많았다. 하지만 그동안의 반찬 배달 수요와 지역 조사를 수년간 하며 공원을 선정했기 때문에 반드시 아이들이 올 것이라는 확신이 있었다. 양쪽 공원을 한 달에 격주로 가니까 한 공원에 두 번 가는 셈이었다. 푸드트럭을 운영한 지 한 달이 지나고 아이들은 양쪽 공원 합쳐서 거의 100명가량 오기 시작했다. 2019년 크리스마스이브에는 70명이 넘는 아이들이 와서 밥이 부족한 사태가 벌어졌다.

2020년 7월 6일

아이들 집에 가보면 마음이 답답하다. 간혹 새 빌라에 사는 경우도 있지만 빌라나 아파트라고 되어 있어도 오래되고 낡은 집들이 대부분이다. 계단은 가파르고 전등도 나가 있기 일쑤다. 입구를 찾을 수 없는 경우도 있다. 골목이 너무 좁아서 차를 대기 어렵고 때로는 전혀 생각지 못한 곳이 대문인 경우도 있다. 당동에 있는 한 집은 지대가 낮은 데다가 반지하라서 여름에 폭우가 내리면 혹시 빗물이 넘지 않을까 염려가 되었다. 무더운 여름에는 얼마나 더울까? 작년 여름 장마철에 아이들 반찬을 가져다주면서 빨래가 어지럽게 널려 있는 좁은 집에서 밖에도 못 나가고 집을 지키고 있던 아이들이 눈에 밟혀 무척이나 속이 상했었다. 아이들이 마음껏 와서 밥도 먹고 놀고 공부도 할 수 있는 공간이 동네마다 한 곳씩만 있으면 얼마나 좋을까, 정말 간절하게 소망해본다. 올해는 무척 덥다는데 아이들이 여름을 잘 보낼 수 있으면 참 좋으련만. 노인정만큼은 아니라도 아이들 공간이 생겼으면.

마음을 받았잖아요

반찬 배달을 추천했던 학교복지사 선생님에게서 전화가 왔다. 아이는 아빠가 암 진단을 받고 불안한 상태였는데 그날은 웃는 얼굴로 보냉백을 메고 복지실에 왔다고 한다. 그 보냉백은 반찬 배달을 할 때 반찬을 담던 가방이었다.

"선생님, 반찬 받았어요."

"아니, 가방을 왜 메고 왔어? 그렇게 좋아?"

"네, 좋아요"

"뭐가 그렇게 좋아?"

"아픈 데 없냐고 물어봐주시는 거요."

선생님은 보냉백을 학교에 메고 온 아이의 이야기를 하며 아이가 엄청 좋아하더라는 것과 이유가 자신의 안부를 물어봐준 것이라고 전해주었다. 반찬도 중요하지만 안부를 물어봐주는 어른의 존재가 아이를 행복하게 해준다. 아무리 좋은 시설을 만들어 놔도 눈치 주는 어른이 있으면 아이들은 오지 않는다. 허름하고 불편해도 좋은 어른이 있는 곳에는 아이들이 오기 마련이다. 처음에 아이들 만나는 봉사자분들이 많이 걱정하는 것은 자신이 별로 좋은 엄마, 아빠가 아니라는 것이다. 자기 자식에게도 별로 좋은 부모가 아닌데 무슨 자격으로 다른 아이들을 만나냐는 것이다. 그럴 때마다 그분들에게 항상 해주는 말이 있다.

"아이들이 산타할아버지를 좋아하는 이유는 인격이 훌륭하기 때문이 아닙니다. 산타할아버지 손에 들린 선물 때문입니다. 여러분의 손에 들린 맛있는 반찬이 있으니 걱정 말고 아이들을 만나세요."

봉사를 하겠다고 나온 것 자체로 이미 그분들은 훌륭하고 좋은 어른들이다. 처음에는 서로 어색하지만 나중에는 아이

들이 동네에서 만나도 반갑게 인사하며 달려온다고 한다. 퇴
직하고 바로 봉사를 시작한 이행단 선생님은 어느 날 아이를
끌어안고 함께 울었던 이야기를 해주었다. 다문화가정이었
던 아이는 아빠가 갑자기 돌아가셨다. 아이는 외국인인 엄마
와 소통이 부족해 애도 과정이 충분하지 않았는지 선생님을
보자 "아빠가 돌아가셨어요" 하더니 울기 시작했고 선생님도
아이를 안아주며 함께 울었다. 반찬 배달 서비스를 통해 아
이에게 이웃이 생긴 것이다.

푸드트럭에 매번 오던 중학교 3학년 정민이가 친구를 데
리고 왔다. 새로 온 친구가 나에게 묻는다.

"여기 교회예요?"

"아니, 교회 아닌데."

큰 아이들은 가끔 이렇게 묻는다.

"선생님! 이렇게 공짜로 주면 선생님은 뭐가 남아요?"

그러자 갑자기 옆에 있던 정민이가 대답을 한다.

"마음을 받잖아. 우리 마음."

내가 정민이에게 물었다.

"마음을 줬어?"

그러자 정민이는 고개를 끄덕인다. 아는 사람은 알겠지만
중학교 3학년 남자아이가 이런 말을 하는 것은 거의 드문 일

이다. 초등학생들이 편지를 써주고 여학생들이 '선생님 사랑
해요' 하는 것보다 마음이 뭉클했다.

2019년 9월 18일

푸드트럭 첫 출동이 있었던 날. 노루목공원에는 늦은 시간까지
초등학생 아이들이 뛰어놀고 있었지만 와서 밥을 먹는 아이들은
많지 않았다. 반찬 배달을 해달라는 요청이 제일 많았던 지역이었
고 아이들을 위한 거점이 부족한 지역이어서 그 장소를 선정했다.
준비해 간 식사가 많이 남을 것을 생각해서 더 늦기 전에 푸드트
럭 운영 장소인 교전공원에 가서 남은 음식을 나눠주기로 하고 천
막을 정리하기 시작했다. 천막과 테이블, 발전기 등등 밥차를 운
영하려면 많은 물품이 필요하다. 안정적인 공간이 있으면 이러한
것들은 필요 없겠지만 공간을 대신하기 위해서는 이렇게 많은 준
비가 필요한 것이다. 천막과 테이블을 정리하고 있는데 아이들이
말을 걸어오기 시작했다.

"언제 또 와요?"

"다음다음 주 화요일에 올 꺼야."

"저 아까 집에 엄마 있어서 밥 안 먹었어요."

"그래? 집에서 밥 안 먹었어?"

"네."

또 다른 아이가 말을 건다.

"저는 동생이랑 먹었는데."

"부모님이 늦게 오시니?"

"네. 아빠는 이틀에 하루씩 오시고 엄마는 밤 11시나 돼야 오세요."

"그럼 동생이랑 둘이 있는 거야?"

"네."

"학원이나 아동센터에는 다니지 않고?"

"아무 데도 안 다녀요. 아빠는 버스운전 하시거든요, 엄마는 식당에서 일하시고."

처음 본 낯선 사람에게 왜 아이들은 자기의 사정을 털어놓는 것일까? 초등학교 4학년 아이가 동생과 밤 11시까지 둘이서 지내고 있는 것이다. 저녁은 엄마가 와서 챙겨줄 때도 있고 그냥 대충 때울 때도 있다고 했다. 학기 중에는 학교에서 점심을 먹겠지만 방학 때는 어떻게 해결할까? 긴 시간 근무를 하는 엄마와 아빠가 집에 오면 아이들을 살갑게 챙겨줄 여유가 있을까? 생각이 꼬리에 꼬리를 문다. 지역아동센터를 하면서 경험한 바로는 아이들에게 가장 필요한 것은 안정감이다. 보호를 받고 있다는 느낌. 누군가나를 걱정해주고 안정적인 공간에서 울타리가 되어 주고 있다는 것을 경험하면 아이들은 더 이상 불안해하지 않는다. 그래서 여러 가지 문제가 있는 아이들도 센터에 3개월 정도만 다니면 모든 것이 좋아진다. 표정도 밝아지고 친구들과의 관계도 좋아지고 공부도 잘 따라온다. 물론 그렇지 않은 아이들도 있다. 집안에 지속적인 어려움이 있거나 부모님에게 사정이 있는 경우 아이들은 쉽게 편안해지지 못한다. 하지만 먹을 것이 있고 안정적인 공간이 있고 자기를 지켜봐주는 어른이 있다는 것을 알면 아이들은 안정을 찾아간다. 초등학생만 그런 것이 아니고 중학생도 그렇고 고등학생도 그렇다.

우리가 푸드트럭을 하는 이유는 아이들을 위한 거점 공간이 없는 지역에 혹시나 이렇게 마음 둘 곳이 없고 혼자서 한 끼를 때우고 있는 아이들을 위해서이다. 한부모가정이나 조손가정 아이들만 대상이 되어야 한다는 것은 현실을 너무 모르는 이야기이다. 불우청소년이라든지 결손가정이라든지 하는 표현은 지금 아이들이 겪고 있는 어려움을 너무 단순하게 이해하고 있는 말이다. 추석 명절 즈음에 부모에 의해 살해당한 (동반자살이라는 표현은 아이들의 입장에서 문제가 있는 표현임으로) 아이들은 한부모가정의 아이들이 아니고 양부모가 다 있는 아이들이었다. 아이들에게는 자기 이야기를 들어주고 안전함과 건강한 먹을거리를 제공해주는 좋은 어른이 필요하다. 자본을 증식하기 위해 무서운 속도로 돌아가는 이 세상에서 여리디여린 생명들은 어떻게 살아가야 하는가?

아이들이 우리의 미래라고 하면서 아이들을 위한 정책은 미약하기 그지없다. 송파에 청소년들이 몇 해 전 청소년 공간을 마련할 길이 없어 백방으로 애를 쓰면서 이런 구호를 만들었다. '청소년을 위한 마을은 없다'. 과연 아이들을 위한 마을은 있는가? 공원에서 아이들을 위해 밥을 나눠준다고 해도 안전에 문제가 생기면 책임을 져야 하기 때문에 아무것도 협조해줄 수 없다는 주민센터. 협조는 해주겠으나 지원을 해줄 수 없다는 시청. 차라리 아이들이 먹을 밥이니 차마 나도 달라고 부탁을 하지 않는 할머니들이 훨씬 아이들을 생각한다고 느껴진다.

첫 출동. 많은 아이들과 만나지 못했지만 이 사업은 반드시 필요하다는 확신을 가지게 한 시간이었다. 2시간 동안 만난 아이들만 챙길 수 있었던 것도 큰 성과이다. 누가 숫자로 이 사업을 감히 평가할 수 있나? 사랑받는다고 느끼는 것은 사랑하는 사람이 원하는 것을 채워줄 때이다. 원하지 않는 것은, 아무리 주어도 받는 사람은 사랑받는다고 느끼지 못한다. 우리 아이들은 함께해줄 좋은 어른들이 필요하다. 같이 밥 먹고, 걱정해주고, 챙겨주고, 놀아주고 이야기해주는 어른 말이다.

6.

코로나19

팬데믹

3단계 작전

2019년 크리스마스이브에 70명의 아이들이 온 뒤로 1월까지 양쪽 공원을 합쳐서 100명 이상이 왔다. 코로나19의 확산은 푸드트럭마저 중단하게 했다. 반찬 배달은 지속되었지만 현장에서 밥을 먹는 푸드트럭은 아무래도 운영을 할 수 없었다. 2020년 4월, 56일 만에 푸드트럭을 다시 시작했다. 물론 전처럼 공원에서 밥을 먹을 수 없으니 도시락을 나눠주기로 했다. 56일 만에 만나는 아이들은 통통하게 살이 찌거나 비쩍 말라 있었다. 친구들끼리도 못 만났는지 끌어안으며 반갑다고 했다. 그 후부터는 사회적 거리두기 단계에 따라 도시락만 시간을 정해서 나눠주기, 푸드트럭에서 놀이 활동하고 도시락 집에 가져가기, 활동도 하고 밥도 먹기, 이렇게 3단계로 운영을 했다. 도시락을 싸기 시작하니 한꺼번에 양쪽 공원 아이들에게 다 나눠줄 수 있는 장점이 있었다. 한쪽 공원에서는 천막을 치고 활동을 하면서 도시락을 나눠주고 다른 쪽 공원에서는 도시락만 나눠주는 것이다. 2020년 겨울 사회적 거리두기가 강화되면서 푸드트럭은 다시 중단되었다.

우리는 아이들이 걱정되었다. 긴긴 겨울방학에 집에서 갇혀 있을 아이들을 생각하니 무엇이라도 해야할 것 같았다. 그래서 아이들에게 전화를 걸었다. 당시 우리는 아이들이 푸드트럭에 오면 연락처와 학교, 나이 정도를 물어 동의한 아이들에 한해서 등록을 했다. 등록은 고객 카드를 만드는 것인데 올 때마다 커피숍 쿠폰처럼 도장을 찍어준다. 도장을 모으면 커피숍에서 무료로 차를 마실 수 있는 것처럼 푸드트럭에서는 간식이나 선물을 준다. 2021년 1월 등록되어 있던 아이들이 약 220명이었는데 모든 아이들에게 전화를 걸어 안부를 물었다. 설문 조사에서 아이들이 심심하다고 해서 집에서 놀거리를 장만했다. 그림 그리는 도구, 미니 블록 등등을 구입해서 도시락과 함께 아이들에게 주었다. 때로는 활동을 못 하는 거리두기가 되면 밀키트를 만들어 아이들에게 도시락으로 주기도 했다. 햄버거, 산적꼬지, 만두, 송편 등 만드는 법도 상세히 적어서 밀키트에 담았다. 만들어서 먹기 전에 사진을 단톡방에 올리면 기프티콘을 보내주었다. 코로나 동안 아이들이 심심하지 않게 잘 지내주기를 바라는 마음이었다.

2021년 1월 19일

아이들에게 전화를 하고 있다. 벌써 종업식도 끝나고 졸업도 해서 어디에도 소속되지 않은 아이들. 장학금 추천해줄 담임도 정해지지 않은 아이들, 푸드트럭마저 할 수 없는 지금 상황에 안부를 묻는다.

하루 종일 혼자 있다는 아이.

놀러다니느라 바쁘다는 아이.

우리 식구들 다 잘 있다고 안심하라는 아이.

밥은 어떻게 먹냐는 질문에 사 먹거나 혼자 해결한다는 답변.

하루 종일 게임만 한다는 답변이 많다.

무엇이 필요하냐는 질문에,

—맘마미아가 필요해요.

—집밥 먹고 싶어요.

—김치도 구워서 삼겹살 파티.

아이가 통화하는 걸 들으신 어머니가 후원금을 보내신다며 전화를 주셨다.

노쇼가 없는 고객님들

도시락을 싸는 것은 무척 힘든 일이었다. 80개에서 100개의 도시락을 싸려면 반찬과 밥을 담아야 하니 400~500번의 손이 가야 했고 구부린 자세를 계속하고 있으니 허리도 아팠다. 나중에는 도시락 싸는 것도 도가 터서 금방 끝냈지만 처음에는 힘들었다. 도시락을 옮기다가 상자를 엎기도 하고 소스 통을 잘 못 닫아서 배달 경험이 있는 아이들에게 핀잔을 듣기도 했다.

"누가 이렇게 포장했어요? 이러면 사장님한테 혼나요. 배달하다 쏟아진다구요."

도시락의 단점은 오래 보관할 수 없다는 것이다. 그래서 남으면 폐기할 수밖에 없다. 그래서 생각해낸 것이 단체톡방에서 사전 신청을 받는 시스템이다. 메뉴와 공지가 올라가면 아이들은 사전 신청을 한다. 핸드폰이 없는 친구들은 친구들이 대신해도 되고 부모님이 신청을 해도 된다. 그러면 수량을 파악해 음식 양을 정하고 도시락을 싼다. 2년 반의 푸드트럭과 밥먹고놀자 식당을 운영하는 동안 이 시스템을 계속 유지하고 있는데 놀라운 것은 아이들은 노쇼가 거의 없다는 것이다. 다른 일이 생겨 못 오게 되면 거의 대부분 아이들은 전화를 한다. 푸드트럭에서 진행되는 프로그램 신청도 사전 신청제다. 코로나19로 많은 사람이 한꺼번에 몰리지 않도록 시간을 나눠서 신청을 받아 진행하는 것이다.

푸드트럭 하는 날 비가 온 것은 몇 번 되지 않았다. 비가 오더라도 푸드트럭을 할 수 있을 만큼 보슬비가 왔다. 딱 한 번 비가 많이 온다고 해서 취소했는데 비가 오지 않아 아이들에게 엄청 미안했었다. 그런데 한번은 비가 정말 많이 오는 것이었다. 그날은 도시락만 나눠주는 날이었는데 우비를 입고 아이들을 기다렸다. 아이들이 오지 않더라도 전혀 이상하지 않는 날이었다. 하지만 아이들은 우산을 쓰고 모두 와서 도시락을 받아 갔다. 아침 내내 비가 오지 않게 해 달라고 사방에 기도 부탁을 했으나 결국 비가 와 속상한 마음으로 우비를 입고 나갔는데 그것은 우리의 생각이었다. 아이들은, 우리 고객님들은 비가 오나 눈이 오나 우리를 만나러 왔다.

우리는 아이들을 고객님이라고 부른다. 푸드트럭은 아이들이 존중받고 대접받는 곳이라는 의미에서다. '칙칙한' 뉘앙스의 무료급식소가 아니라 미래의 주인공들을 대접하는 곳이기 때문이다. 그래서 아이들은 무척 당당하다.

"반찬이 전보다 약한 것 같아요."

"음료수가 부족하잖아요."

취재나 봉사하러 오신 분들은 아이들의 당당한 모습이 신기해 보였는지, "아이들이 너무 밝고 당당하네요"라는 말을 자주 한다. 봉사자들에게도 교육하기가 아주 쉽다.

"우리 식당에 온 고객님이라고 생각하고 아이들을 대하시면 됩니다."

밥이나 간식을 받으면서 감사 인사를 받을 생각도 하지도 않는다. 하지만 아이들은 진심으로 고마워한다. 그리고 푸드 트럭을 좋아하고 사랑한다. 선생님들을 돕고 싶어 하고 자신도 일원이 되고 싶어 한다. 그래서 물품도 아껴 사용하고 간식이나 도시락도 함부로 낭비하거나 버리지 않는다. 직원이 되고 싶은 아이들이 넘쳐나서 운영단을 모집해 청소도 하고 놀이감 정리도 하고 설치도 정리도 함께한다.

코로나가 가져온 변화

코로나 기간 동안 처음에는 그렇지 않았던 아이들이 먹을 것에 집착하는 모습을 보이는 경우가 있었다. 간식 테이블 앞을 떠나지 않고 도시락을 먹었는데 집에 갈 때도 싸 달라고 부탁을 하는 것이다. 한 끼도 못 먹고 푸드트럭에 오는 아이들이 늘고 라면을 그렇게 좋아하는 아이들이 이제는 컵라면이 지겹다고 한다. 된장찌개, 김치찌개가 먹고 싶단다. 코로나 시기 20개국에서 조사한 자료*에 따르면 '락다운 시기에 매일 먹을 음식이 충분했는가?'라는 물음에 약 20%의 아이들이 부족했다고 응답한 반면 우리나라의 아이들의 35%의 아이들이 먹을 것이 부족했다고 답했다. 그 20개국 중에는 우리나라보다 경제 수준이 낮은 나라도 많다. 그런데 왜 우리나라의 아이들은 먹을 것이 부족하다고 느꼈을까? 그것은 부모님들의 노동환경과 관련이 깊다.

코로나 시기 동안 학교가 문을 닫고 가정에만 있던 아이들에게 밥을 차려줄 어른이 없었다. 먹을 것이 없다기보다는 먹을 것을 챙겨주는 사람이 없었던 것이다. 코로나 시기 동안 반찬 배달의 수요는 엄청 늘어날 수밖에 없었다. 화요일에는 푸드트럭에서 7,80개의 도시락을 나누고 금요일에는 50명의 아이들에게 반찬 배달을 한다. 토요일에는 본도시락의 후원으로 60개의 주말 도시락을 배달한다. 방학 때는 신청을 받아 먹거리 꾸러미를 택배로 보낸다. 2020년~2021년 2년 동안 우리가 도시락이나 먹거리를 지원한 아이들의 숫자가 무려 10,191명이었다.

좋은 어른들

맘마미아 사업을 마치면서 우리가 코로나 기간 동안 지원한 아이들의 숫자를 보고 깜짝 놀랐다. 2019년 반찬 배달과 푸드트럭 사업을 시작한 것이 마치 코로나19가 있을 것을 미리 알고 대비한 것처럼 느껴지기도 했다. 1년간 충분한 시행착오를 거치자 코로나 시기 동안은 어떤 상황에도 대처할 수 있는 노하우가 생겼으니 말이다. 이 많은 아이들을 돈이 어디서 나서 지원할 수 있었던 것일까? 나눔과꿈에서 준 사업비는 첫해가 가장 많았고 해마다 줄었다. 2020년 코로나 초기에 우리는 수제 마스크와 티셔츠 등 다양한 물품을 열심히 팔아 부족한 예산을 마련했다. 어차피 사업을 할 수도 없으니 홍보 영상 찍고 사무실에 앉아서 바느질을 죽어라 했다. 당시에는 마스크를 구하기 힘들었던 때라 7천 원짜리 수제 마스크를 100만 원어치 넘게 팔았다. 재난지원금으로 후원할 수 있도록 카드기를 빌려 '오늘은 아이들 행복 긁는 날' 행사를 하기도 했다. 남은 카드를 모두 모아서 알뜰하게 긁어 주던 진성 회원들이 여러분 있었다.

하지만 생각지도 않게 2020년 11월 JTBC에 보도가 되고 후원자가 늘어나면서 우리는 계획한 모든 사업을 다 할 수 있었고 오히려 더 많은 사업을 할 수 있었다. 식료품부터 의

● 세이브더칠드런, '코로나19와 아동 삶의 질 국제포럼' 자료집

류, 샴푸, 쌀, 학용품, 마스크 등등 셀 수 없이 많은 후원 물품이 도착했다. 우리는 절대 당황하지 않고 물품을 나누었다. 사무실 커다란 회의 테이블 위에 가득 있던 물품을 다 나누어주고 나면 며칠 만에 다시 물품이 가득 쌓였다. 우리 직원들은 그곳을 기적의 테이블이라고 불렀다. 2021년 코로나가 장기화되면서 긴급 지원 요청이 급증했다. 먹거리 지원은 물론이고 긴급돌봄을 하는 지역아동센터에서는 소독기와 가림막 등 방역 용품이 필요하다는 요청도 빗발쳤다. 가림막은 재산이 되기 때문에 보조금으로 살 수 없다고 한다. 아크릴 가림막이 재산이라니 어처구니가 없었다. 아이들이 지나가다가 부딪히면 깨져버리곤 하는데 재산이라니. 지역아동센터 선생님들은 온라인 수업 챙기느라 아침 8시부터 저녁까지 아이들과 생활하고 있는 상황에 가림막도 사지 못하게 하는 행정 방침에 속이 상했다. 공공기관과 학교, 하다못해 마을의 작은 도서관까지 문을 닫아걸었는데 아이들에게 문을 여는 곳은 지원이 절대적으로 부족했다.

그래서 후원을 받아 소독기도 사고 가림막도 제작해서 나눠드렸다. 온라인 수업에 필요한 물품 지원도 시작했다. 책상도 없이 휴대폰의 작은 화면으로 수업을 하는 아이들을 위해 작은 독서실 책상과 휴대폰 확대경, 이어폰 등을 지원했다. 기초 학습 강사에 대한 요청도 늘었다. 코로나로 인해 아이들의 학습 결손이 극심해졌기 때문이다. 학원에 다니는 아이들은 지속적으로 공부를 할 수 있었지만 학원을 다니지 않고 가족돌봄이 어려운 경우는 온라인 수업으로는 학교 수업을 따라가기 힘들었다. 우리는 기초 학습 멘토를 모집하여 센터와 학교에 보내주었다. 사무실에는 어떤 방법이라도 우리 활동에 도움을 주고 싶어 하시는 분들의 방문이 이어졌다. 포도농장을 하시는 분은 귀한 샤인머스켓을 싣고 오시고, 계란 농장에서는 신선한 방사 유정란을 정기적으로 보내주셨다. 매일같이 식용유, 햄, 즉석밥, 과일, 학용품 등을 부끄럽다고 이름도 밝히지 않고 갖다주시는 분들이 줄을 이었다. 아이들의 상황은 어려웠지만 좋은 어른들의 마음 덕분에 행복한 시간이었다. 기초 학습 멘토링으로, 조리, 배달 봉사로, 후원 물품과 후원금으로 너무나 많은 분들이 헝겊원숭이가 되어 주었다. 우리는 그분들의 마음과 정성을 잘 모아서 아이들과 필요한 기관에 잘 나누는 역할만 하면 되었다.

2021년 1월 21일

사무실로 전화가 왔다.

"긴급 복지 지원 추가로 신청해도 되요?"

"네… 금요일 마감이에요."

보내주신 신청서를 보고 마음이 답답하다. 혼자 사는 고등학교 졸업생. 3월 출근할 때까지 혼자 월세 내고 생활비도 감당해야 하는데 1,2월이 문제라고 했다. 그동안 한 달에 현장실습생으로 일해서 번 70여만 원으로 살았다고 한다. 무려 1년 동안 부모의 지원은 없었고—이해는 안 되지만—당장 먹을 것도 없다는 문장에서 벌떡 일어나고 말았다. 사무실에 후원 들어온 쌀 10키로 챙기고, 마트 들르고, 당장 먹을 반찬거리를 반찬가게에서 사서 복지사 선생님이랑 같이 아이 집에 갔다. 빛도 안 드는 빌라 계단 밑 작은 방 안은 어지럽고, 물건을 들여놓을 공간도 없었다. 행거에 가지런히 걸려 있는 교복 셔츠를 보니 마음이 짠하다. 고등학교에서 도움을 청하는 아이들의 경우 정말 상황이 좋지 않다. 부모들은 없거나 아프거나 전혀 도움이 되지 않는다.

"집에 생활비 보태래요."

아이들은 대학 합격하자마자 모두 물류 센터에서 아르바이트를 하고 있다. 곧 세상에 나가야 하는데 이렇게 힘겹다.

2021년 9월 15일

추석 맞이 4차 먹거리 꾸러미를 포장했다. 이번에는 48상자다. 특별히 잡채, 꿀약밥, 송편 밀키트를 넣었다. 아이들이 좋아하면 좋으련만. 추석이라 우체국에서 픽업 서비스가 안 된단다. 박스를 사무실에서 내려 두 번에 걸쳐 날랐다. 다 부치고 나서 얼마나 더 웠는지 빙수를 시켜 먹었다.

화요일 푸드트럭 때는 마파두부덮밥과 송편 밀키트를 전달했다.

후원자님들이 후원금을 속속 보내주시고 봉사자분들도 열심히 활동해주시기 때문에 우리는 그 마음을 잘 모아 전달하기만 하면 된다. 학교에 가지 않는 날, 아이들은 어떻게 지낼까? 지역아동센터도 학기 중에는 한 끼밖에 지원이 되지 않아 지역아동센터에 다니는 친구들도 아침 점심 거르고 온라인 수업을 한 뒤 센터에 와서 배가 고프다고 한단다. 매주 200명의 아이들에게 반찬과 도시락을 나누고 있다. 하지만 아직도 지원해달라는 요청은 끊이지 않는다. 다행히 감자탕과 떡볶이 세트를 주말에 보내주는 사업을 시작할 수 있게 되었다. 고마운 후원자님들 그리고 자원봉사자님들. 그분들이 없으면 우리는 아무것도 할 수 없었을 것이다

2020년 푸드트럭 일기

2020년 1월 6일

관용보다 환대를!!! 도움받을 자격을 묻고 그 판단자가 되고 싶

은 사람들을 만난다. 반찬 봉사를 하시며 이런 의문을 제기하신다.

봉사자: 그 아이는 집도 깨끗하고 옷도 단정히 입는데 반찬 가져다줄 필요가 있을까요? 엄마가 잘하는 거 같은데.

나: 계속 그렇게 할 수 있도록 도와드리는 거죠. 혼자 아이 키우는 거 지치지 않게요. 그래야 ○○이가 잘 크죠.

쓰레기장을 방불하는 집에 아이를 방치하는 희망을 잃어버린 부모들도 있다. 하지만 그들이 처음부터 그렇게 모든 희망을 놓았을까?

―그 집은 다음 번에 제외시켜야겠어요. 다*슨청소기가 있더라구요. 우리 집에도 없는데. (교통사고로 엄마를 잃은 초등학교 저학년 두 아이를 키우는 아빠였다. 좋은 청소기가 좋은 이웃을 대신해주진 않을 텐데.)

―3년째 가족 나들이 프로그램을 운영하고 있다. 토요일에 출근해야 돼서 참석 못 하시는 부모님들이 아직 많다. 그런데 교육을 안 받는다고 아이 심리 상담을 제대로 안 갔다고 한심한 엄마 아빠가 된다. (자칫 아동학대로 신고당할 수도 있다.)

―옛날에는 가난한 사람들은 부자들이 어떻게 사는지 잘 몰랐다. 하지만 지금은 초등학교 아이들도 다 안다. 휴거, 빌거 (휴먼시아 거지, 빌라 거지)라는 말이 있을 정도로 사는 곳부터 입는 옷. 여가 시간 등등, SNS나 인터넷으로 모두 공유되기 때문에 아이들

이 느끼는 상대적 박탈감은 훨씬 크다. 하지만 많은 사람들은 가난한 사람들이 가져야 하는 미덕(?)을 도움받을 기준으로 정한다. 그래서 아이들이 좋은 옷이나 신발 등 물건을 가지고 싶어 하는 것을 그 기준에서 벗어난 행동으로 판단한다. 급식 카드로 비싼 음식점에서 밥을 먹으면 안 되고. 연말에 소원 편지를 쓰라고 했을 때 비싼 패딩을 쓰면 지원이 끊길 수도 있다. (몇 년 전 기사에 난 내용)

— 지역아동센터장 할 때 배식 자원봉사 오신 분들이 "우리 집 아이들보다 잘 먹네요"라는 말을 자주 했었다. 아이들을 잘 돌보고 있다는 표현일 수도 있지만 본인들이 생각한 기준을 벗어난다는 의미일 수도 있다.

— 포도원 주인의 비유에서 시작해서 자크 데리다의 "관용보다 환대를"이라는 말의 의미를 풀어 신앙인은 "다른 사람을 도울 때 내가 우월한 입장을 취하는 것이 아니라 동등한 입장을 취하는 것이다"라는 우리 교회 목사님의 설교를 들으며 떠오른 생각들이다.

2020년 02월 17일

코로나19 덕분에 푸드트럭을 2월 한 달 동안 쉬고 있다. 매주 월요일이면 아이들에게 문자를 보내는데 오늘은 반응이 장난이 아니다.

— 코로나 죽여버려. (노루목공원 6학년 박○○)

— 아 에바 에바 아 빨리 좀 보라구요, 밥 사 먹으면 돈 드는데. (교전공원 17살 김○○)

— 선생님, 보구 싶어요. 사랑해요. 밥도 주시고 먹을 것도 주시고 놀아주니까요. (노루목공원 2학년 김○○)

3월엔 바이러스 다 소탕되고 (○○이 말처럼) 다시 웃는 얼굴로 아이들을 만나면 좋겠구나.

2020년 3월 24일

거의 두 달 만에 푸드트럭 운영. 아이들에게 도시락을 나눠주기로 했다. 하나라도 더 주고 싶은 마음에 인스턴트 국과 간식 과일을 챙기다 보니 봉지가 작을 것 같아 헝겊원숭이 큰 봉투를 준비했다. 아이들이 몇 명이나 올까, 걱정했지만 거짓말처럼 30명이 넘는 아이들이 우리를 기다리고 있었다. 키가 훌쩍 큰 모습으로 ㅠㅠ

놀고 싶은 마음 꾹 참고 다음을 약속하고 한 시간 반도 지나지 않아 도시락 나눔은 끝이 났다.

보고 싶었다, 얘들아. 코로나 이겨내고 밥 먹고 놀자! 다시 만날 때까지 건강하자!

2020년 3월 31일

푸드트럭을 다시 시작한 지 2주째다.

오늘은 교전공원에서 아이들에게 도시락 나눔을 했다. 아이들은 키가 한 뼘씩은 커서 나타났다. 얼마나 고맙던지.

밥 먹을 데 없다고 문자로 짜증 내던 K가 살이 쏙 빠져서 온 것. 라이더로 배달하는 B는 음식을 보자마자 '저 혼자 밥 챙겨 먹어야 돼요—' 이러면서 쓸어 담는다. K는 할머니랑 사는데 집에 먹을 것이 별로 없어 주로 편의점에서 사 먹는다고 했다. 할머니 드릴 레토르트국을 챙기고 성격이 수더분해진 걸 보니 괜히 마음이 짠하다. 도시락 나눔을 하고 나서부터 준비하는 시간이 배로 늘어났다. 도시락 포장을 2시부터 하는데 80개의 도시락 반찬 다섯 가지를 담고 나면 허리가 몹시 아프다. 이번 주에는 청년들이 도와주어서 그나마 좀 나았다. 다음 주부터는 2개 팀으로 2개 공원의 아이들에게 도시락 나눔을 하고 싶다. 운영 시간이 1시간 30분밖에 걸리지 않으니 그래도 괜찮을 것 같은데…. 조리팀에서 예산도 맞춰줄 수 있다고 하고 운영팀 인원도 넉넉해서 가능할 것 같다. 80~100개의 도시락을 매주 준비하려면 힘은 들겠지만 아이들이 좋으면 좋다. 쌀도 후원해주시면서 쉬는 날이라고 봉사하러 와주신 분들, 여기저기서 아이들 먹이라고 보내주신 소중한 먹거리들. 잘 전달해야겠다.

남은 도시락은 꽃이되었다에 가져다 드리고 여기저기 챙겨달라고 부탁을 했다. 3형제 집 아이, 혼자 지내는 다문화 친구, 센터에서 주는 대체식 말고는 먹을 것이 없는 아이들.

4월에는 개학할 줄 알았는데 온라인 개학이라니. 챙겨줄 사람 없는 아이들의 형편은 갈수록 힘들어진다. 그래도 조급해지지 않으려 한다. 아직 아이들에게 전해줄 먹을 것을 살 예산이 있고 언제든 나서주시는 든든한 헝겊원숭이들이 있으니까. 그 마음들을 모아 아이들에게 주는 것은 힘든 일이 아니고 행복한 일이다.

2020년 4월 7일

푸드트럭 격주로 나가던 두 공원에서 동시에 도시락 나눔을 하기로 한 날인데 메인 셰프님이 열이 나서 조리에 참여하기 어렵다는 비보가 전해졌다. 비장한 마음으로 땜빵을 해야 하는 헝겊원숭이운동본부 이사장이다.

밥이 혹시 설면 어쩌나? 간을 잘 맞출 수 있을까? 백종원 제육볶음 레시피를 찾아 메모를 하고 어벤져스 같은 조리팀과 함께 준비를 시작했다. 워낙 서둘러 준비를 한 덕분에 일찍 조리를 마치고 도시락을 싸기 시작했다. 밥을 얼마나 눌러 담았는지 밥이 부족하다. 도시락을 차에 싣고 나자 기운이 쪽 빠진다. 집에 가서 자고 싶은 상태지만 다시 맘마미아 핑키를 운전해서 아이들을 만나러 왔다.

한번도 빠지지 않고 오는 우수 고객님들에게 밥 안 먹어도 되니 오래 있다 가라고 했다. 안 보이는 선생님의 안부를 먼저 묻는 아이들에게 이야기한다.

— 이제 매주 올게.

— 담주엔 간식 많이 가지고 올게.

오토바이 타다 사고 났다는 ㅇㅈ이는 목발을 짚고 나타났다.

밥하느라 긴장하고 힘들었던 시간 다 잊어버리고 행복해진다.

아이들 이름 못 외우는 샘 놀리는 놈들.

떡하니 테이블에 도시락 먹겠다고 젓가락 찾는 녀석들.

멀리서 알아보고 인사하며 배시시 웃으며 오는 녀석들.

맞아, 이 맛이었지.

2020년 5월 21일

5월부터 푸드트럭을 다시 시작했다. 코로나 전보다는 줄었지만 그래도 고정 고객님들은 한번을 빠지지 않고 온다. 비가 오던 5월 18일. 당일인 19일에도 비가 오면 어쩌나? 노심초사를 하며 열 명이 넘는 활동가들은 전전긍긍했다. 게다가 이태원 발 군포 확진자가 나오자 당일에 못 오신다는 분들이 갑자기 늘어났다. 당연한 일이다. 비가 올지 모르니 다시 도시락을 싸기로 하고 준비를 했다. 도시락 싸기 시작하니 하늘이 활짝 갠다.

떡볶이에 들어갈 계란 60개는 전날 사무실에서 미리 굽고. 집에서 가져온 묵은지로 볶은김치도 준비했다.

— 발열 체크를 하고.

— 참여자 명단을 적고.

— 손 소독을 하고.

— 마주보는 보드게임은 안 하고.

아이들 형편을 이제는 잘 알게 되어 자취하는 아이는 누군지, 누구랑 누구랑 사귀는지, 자퇴 위기인 아이는 누군지 파악이 된다. 천지 분간 못 하는 6학년이 되는 귀엽게 생긴 아이가 나에게 묻는다.

"저, 귀여워요?"

"귀엽고 예쁘지."

잠시 후 사방을 돌아다니며 애교를 떨던 그 아이는 성행위를 나타내는 손동작을 하며,

"이게 무슨 뜻이에요?"

선생님들에게 물어본다.

보다 못 한 한 분이 그런 행동은 다른 사람이 불쾌할 수도 있는 행동이고 성희롱이라고 설명해주자 머쓱해졌고 내 앞으로 와서 앉았다.

"정말 몰랐던 거 아니잖아? 우리 당황하는 거 보고 싶었던 거잖

아."

뭐든 해도 다 받아줄 줄 알았던 푸드트럭에서 이런 대접을 받을 줄 몰랐던 아이는 기분이 별로였나 보다.

쿠키를 권하는 나에게,

"안 먹을래요. 엄마가 아무나 주는 거 받아먹지 말랬어요. 재수 없다구요."

오랜만에 느껴보는 6학년 사춘기 아이의 도발.

10명이 넘는 중2들 데리고 캠프를 다니는 내가 이 정도는 가볍게 박살 낼 수 있겠지만 그냥 웃고 말았다.

"담에는 먹어드릴게요. 전, 착하니까."

"담에는 없을지도 몰라. 고마워."

천지 분간 못 하는 6학년 아이가 이곳에 다시 올 수 있어야 어떤 태도가 사람들과 친해지는 좋은 방법인지 다시 알려줄 수 있을 것이다. 오게 하려면 이번에는 조롱당하는 것을 감수해야 한다. 그 아이는 나중에 두고두고 부끄럽고 미안해질지도 모른다. 나도 예전에 나를 예뻐하던 어른들에게 얼마나 못되게 굴었던가. 지금도 그 생각을 하면 창피하다.

그래도 푸드트럭에서 일하고 싶다는 아이들은 자꾸 늘어나고 심지어 백 년동안 운영하라는 아이들도 있다. 늙어서 못 한다니까 자기들이 하면 된다고 한다.

2020년 5월 28일

이번 주 노루목공원 푸드트럭.

아이들은 행복하다.

비눗방울 놀이를 준비한 고3 인턴십 친구를 초등 저학년 아이들이 졸졸 따라다니고 6학년 아이들은 블루투스 스피커 하나로 저리 신나게 논다. 담 주에는 마이크 준비해달라는 고객님들. 미러볼도 준비해야지. 그렇게 까칠하고 웃지도 않던 아이들이 이제는 춤도 추고 보컬 수업 해달라고 신청하고 정리하는 것도 척척 도와주고 우리는 행복하다

2020년 6월 1일

계속해서 안전 문자가 오고 엄마한테도 안전 문자가 왔다.

"요사이 니네 동네가 심하더라. 큰딸 코로나 조심해라—."

전 괜찮은데요, 애들이 피해 보잖아요. 내일 푸드트럭인데 재미있는 활동 준비했는데 그것도 못 하게 됐잖아요. 학교에서도 방과 후 죄다 안 하려고 한다잖아요. 진짜 속상해요. 정말 조금만 참아주시면 좋으련만….

2020년 6월 10일

태국에서 온 아이가 있었다. 태국에서는 그렇게 명랑하고 씩씩한 아이였다는데. 아이는 갑자기 한국에 있는 엄마와 살게 되었다. 가장 예민한 중학교 1학년 나이에. 아이는 갑자기 모든 것이 낯선 곳에서 생활하게 되었다. 모든 걸 새로 배워야 했던 아이는 매일 저녁에 엄마가 일하러 나가고 나면 혼자 집을 지켜야 했다. 캄캄한 반지하 복도를 지나서 제일 안쪽이 아이가 사는 집이다.

좀처럼 학교에 적응하지 못하던 아이는 중학교 2학년이 되도록 한국말을 하지 못한다. 아니 안 하는 것인지도 모르겠다. 학교 생활이 쉬울 리 없다. 작년 4월부터 아이 집에 반찬 배달을 시작했다. 어색해하던 아이는 몇 달 후 웃으며 인사는 하는 정도가 되었지만 아이의 한국어 실력은 여전히 늘지 않는다.

"제가 태국어를 배울까 봐요."

배달을 담당하시는 푸드키다리님의 말이다. 근처의 꽃이되었다에 도움을 요청하기로 했다. 일부러 반찬을 꽃다에 가져다 두었다. 아이를 꽃다에 연결해주고 싶었다. 여전히 언어의 장벽이 있어 어려웠지만 아이는 조금씩 마음의 문을 열었나 보다.

어제 반가운 문자가 왔다. 아론 샘이 손짓 몸짓해서 아이를 데리고 꽃다에 왔고 알아들었는지는 모르지만 아이에게 언제든 놀러오라고 하셨다고 한다. 외롭고 힘들었을 그 아이에게 좋은 친구들, 선생님이 생길 수 있으니까 해외에 나가서 아이들을 돕는 것도 매우 중요한 일이지만 우리 주변에도 도움이 필요한 아이들이 많다.

2020년 6월 16일

노루목어린이공원 입구를 떡하니 막아 주차를 한 차에는 전화번호조차 없다. 차에 기스 날까 천막은 옮기지도 못하고 짐을 입구에서부터 들고 날랐다. 3시부터 기다리던 고객님들이 돕겠다며 짐을 들고 나르기 시작한다.

전주비빔밥만큼 예쁜 색감을 자랑하는 맛있는 비빔밥에 얼음 동동 화채가 후식이다. 롯데장학재단에서 보내준 과자 선물도 있고 거리배움터 인턴십 고등학생 선생님들이 준비한 전통 놀이.

완벽한 하루였다. 그놈의 차만 아니었으면.

2020년 6월 19일

교전공원 푸드트럭 활동.

밥이 모자랐다. 근처 식당에서 열 공기 공수하고 60명이 왔고 밥이 없어 그냥 간 아이들까지 하면 70명이 왔다. 아이들이 바라는 것은 관심과 사랑. 한 번 더 쳐다봐주는 것. 반창고 붙여주는 것. 같이 놀아주는 것. 대답 잘 해주는 것. 장난쳐도 웃어주는 것. 삐딱하게 굴어도 봐주는 것. 까탈스럽게 굴어도 이해해주는 것이다.

2020년 6월 23일

오늘 푸드트럭에 VIP 고객인 이제 막 고등학교에 입학한 아이가 오자마자 흥분해서 나에게 이야기를 했다.

"선생님. 저, 성희롱 당했어요."

"어떤 놈이야?"(화가 치밀어 오르는 걸 참을 수 없다.)

"어떤 남자가 저한테 10만 원 줄 테니까 속옷이랑 스타킹을 팔라고 그러는 거예요."

"미친놈 아니야!!!!"

"제가 신고한다니까 도망갔어요."

도대체 어떤 인간인가!!!!! N번방의 악몽이 가시기도 전에 교복 입은 17살 여자아이에게 속옷을 사겠다는 미친 XX는. 이 새X 잡을 방법 없을까요?? (욕이 저절로 나오는 중)

2020년 6월 30일

노루목공원 푸드트럭 활동.

푸드트럭 하는 날은 문자에 답장을 할 시간도 없이 정신을 차려야 한다. 도시락 싸는 것은 물론 물품이 하나라도 빠지지 않도록 챙겨야 한다. 날씨가 좋아지면서 전등, 발전기나 팬히터는 챙기지 않아도 되지만 대신 생수를 미리 냉동하고 아이스박스를 챙겨야 한다. 초콜릿이 든 간식은 되도록 피하고 아이들이 마실 음료도 시원하게 마실 수 있도록 준비해야 한다. 또 모기 기피제와 모기약도 필요하다. 조리팀에서 준비한 콩나물비빔밥은 갈아서 볶은 고기를 윤기 나는 밥에 섞어서 아삭아삭 씹히는 콩나물과 어울려 맛을 더한다. 매콤하고 쫄깃한 주꾸미볶음에다 참치김치볶음을 따로 준비하고 후식으로 천도복숭아도 준비했다. 갈수록 퀄리티가 높아지는 도시락이다. 아이들의 만족도는 물론 높다.

올해부터는 푸드트럭 프로그램으로 고등학교 다니는 장학생들이 활동 거리를 준비한다. 코로나로 팀을 여러 번 나눠서 운영을 하는데 이 또한 아이들이 무척 좋아한다. 특히 노루목공원 근처에는 청소년을 위한 시설이나 공간이 없어서 유난히 노루목공원 아이들의 참여도가 높다. 호기심 어린 눈빛으로 질문을 하는 아이들 모습에 웃음이 저절로 난다.

푸드트럭 활동에서 젤 어려운 것은 준비하고 챙기는 것이 아니다. 마음을 모으는 일이다. 힘들고 하기 싫은 일을 하는 것이 아니라 기쁜 마음으로 하나라도 좋은 것을 아이들에게 주려고 하는 마음들을 모으는 것이다. 그 진심들이 모여서 아이들에게 전달될 때 아이들은 행복해진다. 그 진심을 알기에 아이들은 푸드트럭 하는 날을 손꼽아 기다리는 것이다. 조리팀과 활동팀의 마음, 후원자분들의 마음이 아이들에게 잘 전달되길 바란다.

2020년 7월 7일

오늘은 행복한 보민 샘이다.

터프하게,

"폰 좀 주세요."

하더니 오늘 거리배움터에서 만든 보석 십자수 스티커를 핸드폰 케이스에 붙여준다. 심쿵했잖아. 열일곱 살 남학생이 만든 보석 십자수라니. 그 아이는 푸드트럭 올 출석을 자랑하는 아이이다.

그렇게 오늘도 56명의 아이들이 왔다. 웃으면서 반갑게 인사하고 즐겁게 밥 먹고 노는 아이들.

초등학교 남학생들은 오랜만에 다 모여서 정모를 한다.

"샘, 이 형이 받은 물 저도 주세요."

"샘, 이 형이 받은 음료수 저도 주세요."

아— 이 행복한 아우성.

2020년 7월 22일

1. 어제 푸드트럭을 하는데 어떤 젊은 할머니가 초등 저학년쯤 돼 보이는 여자아이의 손을 잡고 오셨다.

"얘네 언니가 여기 다니는데 동생이 너무 부러워해서 데려왔어요. 언니가 학원에서 늦게 끝나서 가고 싶다고 해서… (할머니를 졸라서) 데려왔어요."

그 아이는 도시락과 간식을 받더니 의기양양해서 할머니와 함께 돌아갔다.

2. 초등학교 저학년 ㅈ이는 거의 100% 출석률을 자랑하고 있다. 혼자 집에 있다가 부리나케 달려와 밥을 먹곤 했던 아이였는데 어제는 왠지 밥을 먹지 않고 땀을 뻘뻘 흘리며 놀기만 한다.

"ㅈ이 왜 밥 안 먹어?"

"밥 먹으면 바로 집에 가라고 했어요, 엄마가."

그 아이가 밥을 먹지 않았던 이유는 오래 머물기 위해서였다. 잠시 후 학원 갔던 누나가 오자 몹시 실망하는 표정으로 터덜터덜 집으로 간다.

"ㅈ아! 다음엔 놀다 가게 엄마한테 허락받아. 알았지?"

3. 교전공원 아이들은 유난히 젤리를 좋아한다. 음료수도 좋아한다. 노루목공원에서 남은 것을 가져와도 항상 모자란다. 어제는 음료수를 30개나 더 샀다.

"아, 샘. 왜 나한테 사기 쳐요? 음료수 없다더니 있잖아요."

"지금 사온 거야!!"

영수증을 보여주고 나서야 화를 가라앉히는 아이. 그 아이는

17살이다.

"왜 요즘 맛있는 게 없어요?"

(찜닭이랑 소고기청포묵인데… 맛이 없다니.)

"뭐가 맛있는 건데? 얘기해 봐. 담에 해 줄게."

"그냥 다 좋아요. 헤헤."

2020년 7월 23일

왜 애들한테 그냥 밥을 주냐고 물어보신다면. 이 말에는 형편이 어려운 애들만 골라서 줘야지 왜 모든 애들에게 다 밥을 주냐는 의미가 숨어 있다. 우리는 밥만 주는 게 아니다. 프로그램도 한다. 이른바 공짜로. 아이들은 정말 신이 나서 참여하고 밥도 맛나게 먹는다. 간식도 눈치 보지 않고 달라고 하고 심지어 먹고 싶은 종류도 이야기한다.

마을 공동체 활성화 사업을 할 때 계획서만 내면 예산 지원해주지 않나? 먹고살 만한 어른들 밥값도 대주면서 마을 공동체를 살려보라고 하지 않는가? 공공기관에서는 교육도 공짜로 시키면서 청소년들 동아리 활동도 지원해주고 간식도 주지 않나? 공짜로. 근데 민간이 시설이나 기관이 없는 동네에서 아이들 밥 먹이고 같이 놀아주는 일을 하면 그것은 왜 낭비처럼 이야기하는가? 참이상한 논리가 아닌가? 몇 년간 필요하다고 판단해서 사업계획서 제출하고 지역 선정해서 하는 사업이다. 낙인감 없이 아이들이 자연스럽게 마을 공동체를 만들어가는 일이다. 이웃 어른들과 함께 생활하는 것을 배우고 친구를 사귈 수 있는 기회이다. 어려운 아이들이 도움받는 것은 티가 나지 않는다. 더 열심히 하라고 도와줘야지 기운 빠지는 소리는 이제 그만들 하시길.

2020년 7월 28일

노루목공원 푸드트럭.

도시락을 쌀 때까지 비가 왔지만 우리는 아무도 걱정을 하지 않았다. 우리의 걱정은 삼겹살 조림이 근사하게 담아지지 않는다는 것이었고, 참나물이 자기주장이 강해 맛이 없을까 하는 걱정뿐이었다. 도시락을 차에 실을 때까지 비가 내렸지만 걱정을 하지 않았다. 정확하게 푸드트럭 운영 시간 동안은 비가 오지 않았고 36명의 고객님들은 놀이동산에 입장하는 것처럼 눈을 반짝이며 줄을 서서 기다렸다.

"맘마미아는 왜 매주 하지 않는 거야? 이제 또 2주나 기다려야 되잖아."

"너무 빨리 끝났어."

이런 대화를 들으면서 도대체 우리가 아이들과 하는 일의 의미가 무엇인가 다시 생각해보았다. 말수가 없던 약간 비만 체형인 여자 친구가 진지하게 나에게 고민을 이야기했다.

"선생님, 저는 배드민턴이 잘 치고 싶어요. 근데 잘 안 돼요."

배드민턴을 알려줄 선생님을 소개해줄 테니 걱정 마,라고 하니 금방 웃는 아이. 배식하는 테이블 옆에 의자를 가져다 두고 음악을 들으며 수다를 떠는 6학년들.

"보민 샘 키가 더 작아지셨네요."

나를 놀리면서 꼭 옆 테이블에 의자를 가져와서 앉아 있다. 실습 나가는 회사 마치고 체육관에 다녀와서 공원으로 부리나케 와 삼십 분이라도 놀고 얼굴도장 찍고 가는 고등학생. 시험 잘 봤다는 얘기, 자전거 얘기 등 자신의 이야기를 들려주는 중학생. 이 사랑스러운 아이들이 맘껏 뛰어놀 수 있는 공간 마련하는 일이 그리 어려운가?

삼겹살 조림 맛났고 참나물 무침도 싹싹 잘 먹고 신나게 놀았습니다. 특별히 핑크색 하늘 감사하구 비 안 오게 해주신 것도 감사한데요 좀 많이 더웠어요. 자연 선풍기 좀 부탁드려요.

2020년 8월 11일

교전공원 푸드트럭.

날씨앱을 바꿨다. 지난주에 비가 오지 않는 것을 보고 넘나 괴로웠던 우리(푸드트럭팀). 0.3mm 예보를 확인하고 살짝 흩뿌리는 비에 아이들이 올까 걱정했지만 자전거를 타고 등장하는 고객님들. 흐린 날씨에 전만큼 많이 오지는 않았지만 귀찮아도 들러주는 아이들이다. 집에 가면 9시까지 아무도 없고 아빠와 오빠는 늦게 온단다. 도시락을 가져가도 된다는 말에 아빠와 할머니 것을 챙기는 아이들. 정말 궁금한 건 엄마들은 다 어디 간 걸까??

"언제 하는 거예요?"

"언제까지 할 거예요?"

새로 온 친구들이 늘 궁금해 하는 이야기다.

2020년 8월 16일

아이들이 학교에 가지 못해서 생기는 문제 중 하나가 급식이라면 아마 "설마?" 하시는 분들도 있을 거다. 하지만 진짜다. 지역아동센터에 다니지 않는 친구들 중 가정에서 돌봄이 어려운 친구들은 밥 챙겨 먹는 일이 몹시 어렵다.

삼형제집 아이는 선생님께 집에 먹을 것이 없다고 힘들게 털어놓는다. 아빠는 일주일에 한 번 오시고 아이들끼리 있으니 먹을 것이 변변하게 있을 리가 없다. 그나마 학교에서 먹던 급식이 없으니 답답한 것이다. 아버지가 갑자기 암 진단을 받은 친구는 어떤가? 중학생은 한 달에 일주일만 학교에 간다. 이 아이는 아빠 걱정까지 하고 있다. 작년부터 같은 푸드키다리님이 반찬 배달을 가시는데 아빠가 30분 동안 붙잡고 이야기를 하시더란다. "작년에는 별말씀도 안 하시던 분이." 그래도 검사 결과가 좋아졌다는 소식에 우리들은 다 같이 안심했다. 배달을 가보면 몇몇 보호자 분들은 집에서 속옷 차림으로 있다. 여자 남자 별로 다르지 않다. 당황스럽지만 그분들의 상황(질병과 열악한 주거 환경)을 생각하면 이해는 간다. 하지만 이런 보호자와 함께 살고 있는 아이들을 생각하면 마음이 답답하다. 그 무기력과 절망이 아이들에게 스며들까 봐. 그럼에도 웃는 얼굴로 좋은터 활동가님들이 말복이라고 꾹꾹 눌러 담아주신 닭볶음탕을 받아 들고 인사를 하는 아이들이 고맙다. 닭볶음탕 맛있다고 문자 해주고 햄볶음의 햄 질이 별로라고 피드백해주는 엄마가 오히려 고맙다 — 의욕이 있으니. 코로나 확진자가 늘었다는 뉴스에 다시 마음이 덜컹, 한다. 온라인 수업을 늘리고 학교 가는 날이 줄어들고 아이들은 다시 집에 갇혀야 하는 긴 날이 시작되고 있다.

2020년 9월 21일

등교가 재개되고 이제 푸드트럭 활동을 다시 시작해보려고 한다. 다들 걱정이 많지만 그 중에 젤은 나일 거다. 라면 끓여 먹다 사고 난 아이들 뉴스를 보면서 아이들이 눈에 밟히는 건 사실이다. 집에서 밥해 먹다가도 애들 생각하면 답답하다. 몇 명씩 불러다가 밥해 먹이고 싶기도 하다.

배드민턴을 잘 치고 싶다는 아이의 말을 기억해 배드민턴 배우기 수업을 열었다. 10명의 아이들이 신청을 해주었다. 배드민턴 채도 선물할 예정이다. 푸드트럭이 없어도 놀이터에 나와 배드민턴을 칠 수 있도록. 멀리멀리 떨어져서 배드민턴을 치며 셔틀콕에 마음을 전달해 볼까나?

아직 조림팀장님이 허리가 완전하지 않아서 내일은 내가 보조 요리사로 참여해야 할 것 같다. 코로나로 힘들지만 역시 따뜻한 마음을 가진 푸드키다리님들과 조리팀을 생각하면 행복해진다.

2020년 9월 23일

푸드트럭을 한 달 만에 다시 운영했다. 2019년에 노루목공원에서 시범 운영을 한 지 일 년이 되었다.

푸드트럭 일주년♡♡♡

그때는 9명이 왔었는데 일 년이 지난 지금은 한 달 쉬었다가 해도 30명이 기본이다. 배드민턴 동아리 신청한 친구들은 의욕이 넘친다. 마음이 아팠던 건 도시락을 먹고 나서도 싸 가고 싶어 하고 간식을 챙기는 아이들이다. 배고픈 게 보이는데도 집에 챙겨 가려고 남은 반찬도 싸 달라고 한다.

'왜 그래, 얘들아ㅠㅠ'

아이들은 신이 났는데 운동하는 할머니 한 분이,

"여기 노인들도 많은데 코로나 걸리면 책임질 거야?"

하며 소리치고 가신다. 맞는 말씀이긴 한데 아이들 사정을 생각하면 답답하다. 마스크도 잘 쓰고 싸 가는 친구들이 대부분인데. 간식 하나 남기지 않고 탈탈 털어서 챙겨주고 돌아오는 길에 괜시리 눈물이 난다.

어찌해야 한단 말이냐? 코로나가 일 년은 지속된다는데 아이들이 맘 편히 먹고 놀 수 있는 곳은 어디에 있을까?

2020년 10월 06일

노루목공원 푸드트럭.

2주 만에 만나는 아이들은 선생님들의 안부를 묻는 것으로 시작한다.

"○○샘은 언제 와요?"

노루목 아이들은 신체 활동과 거리배움터 프로그램을 좋아한다. 얼마나 성실하게 참여하는지 모른다. 어제는 클레이 배지 만들기와 배드민턴 수업을 했다. 숙제를 다 못 해서 놀이 기구에서 수학 문제를 풀던 친구도 있었다. 매번 빠지지 않고 오는 고딩 ○○이는 옛날 다니던 센터의 센터장님은 왜 그만두셨냐고 3년이 지나고야 물어본다.

"왜 가신 거예요?"

당시에는 물어보기 어려웠던 질문을 고등학교 2학년이 되어서
한다. 참 답하기 어려운 대답이다. 어른들의 사정은 참으로 복잡
하여 아이들에게 설명하는 건 어렵다. 헤어지지 않기, 늘 곁에 있
어주기, 우린 평생 함께할 거라는 것.

아이들은 단박에 알아본다. 자신을 사랑해주는 좋은 어른을.

2020년 10월 7일

지난주부터 군포경찰서 여성청소년계 경찰분들이 푸드트럭에
함께해주셨다.

"경찰들이 여기 왜 와요?"

"봉사하러 오신 거야. 힘 좀 쓰실 것 같지?"

눈이 동그래지는 고딩들부터,

"어느 학교냐고 왜 물어요? 개인정본데."

하고 당돌하게 대답하는 초3.

"저 유강년 아니거든요? 육학년이에요!"

라며 사투리 발음 지적하는 사춘기 육학년까지 웃으며 봐주시
는 경찰분들 고맙습니당♡

2020년 10월 13일

교전공원.

4시 30분에 설치하러 갔을 때부터 고객님들은 기다리고 있다. 예전에 자전거를 아무 데나 세워서 통행이 불편하니 벤치 뒤쪽으로 세우라고 했는데 벌써 얌전히 주차를 해놨다.

"저희가 도와드릴게요."

차에서 박스를 번쩍번쩍 들어서 나르기 시작한다. 이른바 자전거 부대 친구들이다. 초등 남학생들로 항상 여기서 정모(?)를 한다. 클레이, 배드민턴, 간식 먹기, 빠짐없이 참여하고 헤어지기 싫어 기린 샘 팔에 매달린다. 다다음 주에 만나 —.

중3 때 만난 아이들은 고딩이 되어 나타나고 서로 사귀다 헤어진 연애사부터 학교 그만둔 얘기까지 보고를 한다. 군포경찰서 여청계 분들은 무서운 아이들이라지만 내게는 애기처럼 보인다. 밥을 먹으면서 갑자기 인상을 쓰더니,

"샘 —. 밥 진심 맛있어요!!"

애들이 많이 온다 싶더니 밥이 떨어졌다.

코로나로 자원봉사도 줄어들고 담당자는 서류 업무로 바빠서 못 오고 우리 직원은 장염에 걸려 출근도 못 해 어쩌나 싶었는데…. 졸업생 채성이, 군포경찰서 여청계분들, 조리팀 강미숙 샘이 어디선가 나타나 빈자리를 메꿔주신다. 걱정하지 말고 그냥 꾸준히 하자. 온 우주가 도울 테니♡

2020년 10월 20일

노루목공원.

오늘 한 끼도 못 먹었다고 했다. 아빠는 일주일에 한 번 오시고 엄마는 늦게 퇴근하신단다. 아이는 집에 먹을 게 없다고 했다.

도시락을 한 개 먹고 간식 테이블을 계속 맴도는 아이.

"도시락 싸줄까?"

고개를 끄덕인다.

"언니 오빠나 동생은 없어?"

"오빠 있어요."

"하나 더 가져갈래? 오빠는 얄밉지만."

아이는 배시시 웃으며 고개를 끄덕인다.

경기폴리텍고 운영단 동아리 친구들이 와서 미니 올림픽이랑 모기 퇴치제 만들기 해주어서 너무 좋았다. 고딩들은 애들한테 시달려서 당 떨어진다고 했지만.

* 기쁜 소식 : 오늘 아이가 다니는 학교에 연락해서 긴급돌봄을 받을 수 있게 되었다.

2020년 10월 27일

지난 일 년간 교전공원에서는 어르신들이 음식을 달라고 한 적이 거의 없었다. 손녀를 데려오거나 해서 아이에게 밥을 주라고 한 적은 있었지만.

"선생님. 저기 할아버지가 계속 서 계셔요."

가만 보니 어르신의 행색이 남다르다. 손등마다 상처가 있고 옷차림도 노숙자처럼 보인다. 도시락을 챙겨서 드렸다.

"저기 테이블에 가서 드세요."

"정말 고맙습니다."

어르신은 인사를 하고 테이블에 가서 허겁지겁 밥을 드신다. 따뜻한 물을 한 잔 드리려 가보니 아이들이 남긴 것도 다 모아서 드시고 계신다. 원래 원칙에는 어긋나지만 도시락을 두 개 더 챙겼다.

"이거 가져가서 드세요."

"감사합니다. 잘 먹을게요."

정말 배고픈 사람은 먹을 것 앞에서 예의를 차리기 힘들다는 것을 어린 시절 경험한 적이 있다. 초등학교 때 일이다. 동네에 새로 생긴 즉석떡볶이 집에서 동생이랑 떡볶이를 먹고 있는데 어떤 할아버지가 남루한 모습으로 들어오셨다. 옆 테이블 손님들이 먹다 남긴 떡볶이를 주인이 말릴 새도 없이 먹는 모습을 보고 동생과 나는 깜짝 놀랐다. 동생은 집에 와서 저녁 먹다가 할아버지가 불쌍하다고 울기까지 했다. 나는 울지 않았다. 마음속에 꼭 기억하기로 했다. 나중에 배고픈 사람을 꼭 도와주는 사람이 되겠다고 다짐했었다. 교전공원에서 그 할아버지를 보면서 그 기억이 떠올랐다.

그날은 교전공원 푸드트럭에 열심히 오는 ㅅ이의 어머니가 찾아오셨다.

"아무래도 세상에 공짜는 없는데 그냥 왜 밥을 주겠어요? 이상한 단체나 사이비 집단이 아닌가 해서 왔어요."

대화를 나누면서 이제는 안심이 되셨다는 어머니.

"이 동네 아이들 다 살 만하잖아요. 밥 못 먹는 아이들이 있어요?"

"그렇죠. 근데 밥을 잘 챙겨 먹지 못하는 친구들도 있으니까요. 하지만 그걸 일일이 다 물어볼 수는 없잖아요. 저희가 특별히 도와주어야 할 친구들은 추천을 받아서 반찬 배달도 해주고 다른 지원도 연결해주고 있어요. 하지만 푸드트럭에서는 누구나 아동 청소년이면 그냥 밥을 줘요. 그리고 프로그램도 같이하구요."

도움을 받아야 할 아이를 찾아내는 것은 참 어려운 일이다. 푸드트럭 일 년을 하면서 많은 아이들을 찾아냈다. 밥을 주지 않아도 되는 아이와 도와야 할 아이를 가려내는 일보다는 아이들을 지속적으로 만나다 보면 저절로 도움이 필요한 아이들에게 닿게 된다. 얼마 전 있었던 라면 끓이다 화재로 사망한 아이 사건 같은 일이 벌어지면 경찰서 여청계, 사례관리자들은 사각지대 아이들을 찾아내라는 압박에 시달린다고 한다. 하지만 평상시에 아이들을 지속적으로 만나지 않으면 이미 알고 있는 아이들 외에 다른 아이들을 찾아내는 것은 어렵다. 모든 초등학교에 교육복지사나 학교사회복지사를 배치한다면 사각지대 아이들을 찾아내는 것은 보다 수월할 것이다. 며칠 전 드림스타트 선생님께 들은 얘기로는 코로나로 인해 서비스 받기를 꺼리는 대상자들도 많다고 했다. 학교도 안 보내고 집에만 있게 하는 다문화 엄마들 때문에 정말 힘들다고 했다. 말이 잘 안 통해서 아이들끼리 집에 있으면 안 된다는 것을 이해시키기도 힘들다고 한다. 서비스도 거부하고 학교에도 보내지 않으면 우리는 어떻게 도움이 필요한 아이들을 만날 수 있을까?

농협에서 장학생을 추천해달라고 해서 청지넷에 올렸더니 다섯 학교에서 5명의 아이들이 긴급한 지원이 필요하다고 요청이 왔다. 지원해줄 수 있는 아이는 3명. 나머지 2명은 어떻게 해야 하나??? 정말 고민스럽다.

우리나라가 이렇게 잘살게 되었는데도 아직도 배고픈 어르신이 거리를 배회하고 돌봄을 받지 못해 배고픈 아이들이 있다. 또 어딘가 도움이 필요한 아이들이 있을 것이다.

2020년 10월 30일

푸드트럭에는 이른바 관종존(zone)이 있다. 도시락과 간식을 나눠주는 배식 테이블 근처의 자리이다. 원래 배식 테이블에는 의자를 세팅하지 않는다. 배식에 방해가 되기 때문이다. 그런데 몇 명의 고객님들은 꼭 의자를 가져와서 거기에 자리를 잡는다. 넓은 식사 장소를 두고 비좁은 테이블에 끼어 앉아 자리를 맡아놓기도 한다.

처음 온 자원봉사자분들은 이렇게 행동하는 아이들이 이해가 되지 않는다.

"얘들아, 저기 가서 보드게임 하자. 여긴 비좁잖아."

"여기는 관종존이에요."

내가 이렇게 말하면 아이들은,

"아니예요! 저 이따 갈 거예요."

이러면서도 절대 자리를 내주지 않는다. 거기 앉아서 대화를 하는 것도 아니고 밥을 먹는 것도 아니다. 그냥 거기 앉아서 참견하고 때로는 나를 놀리고 농담하고 그런다. 어느 정도 관종존에서 안정(?)을 찾으면 다른 활동을 하러 간다. 그럼 또 새로운 멤버가 나타나 자리를 잡는다.

푸드트럭에 온 지 얼마 되지 않은 아이가 계속 옆에 서 있길래,

"의자 가져와서 내 옆에 앉아."

했더니 가방까지 가져다놓고 자리를 차지한다. 그리고 기가 살아서 신이 났다.

"샘! 저 오빠가 음료수 두 개 가져갔어요."

때로 나름 도움을 주기도 한다.

"선생님. 우리 학교 앞에서 맘마미아 차 봤어요. 우리 학교 오셨어요? 우리 선생님 만나셨어요?"

재잘재잘 할 말도 많다.

관종 ─ 관심 종자의 줄임말로 별로 좋지 않은 의미로 사용되지만 내가 그렇게 말해도 아이들은 개의치 않는다. 뭔가 특별한 대접이 필요한 고객님들이기 때문이다. 이 아이들이 어서 마음이 채워져서 관종존을 떠나 넓은 마당에서 뛰어놀기를. 푸드트럭에서 배만 채우는 것이 아니라 마음도 꽉꽉 채우길 바라본다.

2020년 11월 2일

노루목공원.

날씨 비상. 핫팩과 핫초코를 챙기고 도시락이 식을 새라 보온통을 준비했지만 역시 너무 추운 날씨. 하지만 아이들은 신나서 뛰어논다. 지난번 왔던 그 친구는 오빠와 같이 밝은 모습으로 다시 왔다. 준비한 도시락은 일찌감치 완판되었다. 주몽복지관 자원봉사자들과 군대에서 휴가 나온 경희대 쿠키 동아리 전 회장님도 오시고 JTBC '한민용의 오픈마이크' 팀이 취재를 왔다. 아이들을 위해 뜻을 모은 좋은 어른들이 많아 행복한 시간. 아이들은 안심하고 바닥에 엎드려 낙서를 한다.

2020년 11월 10일
교전공원.

날이 많이 추워져서 조리팀에서는 어묵국을 준비해주셨다.

아이들이 한꺼번에 40명이 몰려와 정신이 없었지만 군포경찰서 여청계 두 분과 경찰 시험 합격자 자원봉사자분들 그리고 군포중 교육복지사 선생님이 와주셔서 정말 다행이었다. 그날은 50명이 넘는 아이들이 푸드트럭을 방문했고 아이들에게 인기 많은 기린 샘은 아이들에게 시달려야 했다.

"키가 많이 컸어."

"저요? 별로 안 큰 거 같은데."

"공부하는 거 이젠 어렵지 않아? 온라인 수업 힘들다며?"

"이제 방과후교실 해요. 기초 학습이요."

"잘됐네."

올 초 온라인 수업을 따라가기 힘들다고 했던 친구였는데 정말 다행이다.

군포 출신 경찰관과 선생님이 마을의 아이들을 함께 챙기며 돌보는 모습. 참 마음이 따뜻해진다.

"선생님이 계셔서 너무 좋아요."

"저두, 샘이 계셔서 든든해요."

2020년 11월 16일

JTBC에 푸드트럭이 보도되고 나서 많은 분들이 후원금을 보내주시고 또 자원봉사 신청을 해주셨다. 아이들을 생각하는 좋은 어른들이 이렇게 많다니 마음이 따뜻해진다. 동네에서 마음 맞는 사람들이랑 아이들 챙기고 밥 먹이는 일 하는데 너무 대단하게 생각해주셔서 쑥스러울 따름이다. 함께 마음 내어서 사업을 수행하고 있는 군포시 주몽종합사회복지관 마을기업 좋은터에도 죄송한 맘이 들고 지역아동센터 샘들은 매일 하시는 일인데 특히 코로나가 터지고 더 힘들게 하고 계시는 일이라 우리만 칭찬받는 것이 더 부끄러울 따름이다. 마음을 보태주신 한 분 한 분께 진심으로 감사드린다. 앞으로 더 정성을 다해 아이들을 돕겠다고 마음먹는다.

2020년 11월 18일

"우리, 불쌍한 애들처럼 나왔어요!!"

방송을 본 고학년 아이들이 나에게 항의했다.

"인터뷰한 사람 누구야? 우리도 너희가 그렇게 인터뷰한 거 보고 되게 놀랐어. 그럼 그렇게 볼 수도 있을 것 같아."

"그거 우리 맞긴 한데 그래도 우리는 안 불쌍하잖아요."

"그렇지. 맞아. 너희들은 고객님들인걸."

우리는 당당하게 우리 권리를 찾고 있는데 왜 그것을 혜택을 받은 것처럼 말하냐고 아이들은 따지고 있다. 아이들의 건강한 생각에 항의를 받으면서 기분이 좋았다. 잊지 말아야지. 우리는 아이들의 건강한 밥을 먹을 수 있는 권리를 찾아주는 것이지 불쌍해서 도와주는 것이 아니다. 어른들이 못나서 그래. 너희들은 아주 씩씩하고 괜찮은 아이들이야. 당연히 도움을 받아야 하는 시기에 있는 거야. 계속 그렇게 당당하게 권리를 찾는 사람으로 성장하길….

2020년 11월 19일

사무실 테이블 위에 10키로짜리 쌀 두 포대에서 담배에 전 냄새가 난다. 그 쌀은 금정동에 사시는 어떤 분이 후원해주신 것인데 쌀을 가져온 직원이 하는 말이 집 안에서 담배 냄새가 진동을 하고 살림살이나 가구도 별로 없는 집이라고 했다. 혼자 살고 계시는 그분은 한 달에 30키로의 쌀을 받고 있는데 당신은 10키로만 있어도 충분하니 20키로는 아이들 밥하는 데 보태라고 하셨다.

담배 냄새 나는 쌀 포대 옆을 지날 때마다 짜증이 나는 게 아니라 자꾸 마음이 뭉클하다. 다양한 문구와 함께 십시일반 보내주신 후원금 리스트를 보면서 직원들과 같이 감동했다.

밥 한 끼.

오늘 커피값.

제 전 재산이에요.

적어서 죄송해요.

그분들의 마음이 너무 고맙다. 그 마음을 잘 모아서 아이들에게 전달해야지….

2020년 11월 24일

교전공원.

사회적 거리두기 2단계로 도시락 나눔만 진행했다. 날씨는 추운데 집에 갈 생각이 없는 아이들 때문에 어쩔 수 없이 7시에 활동을 접었다. 마흔 명의 아이들이 다녀갔고 밥 거점 꽃이되었다를 통해 남은 도시락 나눔도 마쳤다. 방송 보시고 새로 자원봉사자분들도 오셨는데 코로나 정말 밉다. 아이들은 또 하루만 학교에 가게 되었고 우리들의 활동은 축소된다.

잘 지내주면 좋겠는데… 코로나는 아이들의 삶에 어떤 영향을 미치게 될까? 맘이 답답하다.

2020년 12월 1일

노루목공원.

사회적 거리두기 2단계로 인해 도시락 나눔으로 진행. 천막도

치지 않고 접수대만 설치했는데도 아이들에게 5시 전부터 전화가 온다.

"샘, 어디예요? 왜 안 와요?"

호주에서 후원자님이 보내주신 목도리와 장갑, 그리고 방탄소년단 김석진 팬분들이 준비해주신 목도리, 그리고 천안 후원자님이 보내주신 마스크를 아이들에게 나누어주었다. 일명 '사회적 거리두기를 잘해서 주는 상'이다. 준비한 50개의 도시락과 간식은 한 시간도 되지 않아 모두 완판.

지난번 방송을 유튜브에서 뒤늦게 본 아이가 마음이 상했나 보다.

"우리, 거지 같이 나왔어요."

"배고프다고 한 거 시켜서 한 거래요."

나도 속이 상했다. 괜히 누가 그런 소리 했냐고, 정말 시킨 거면 가만두지 않겠다고 아이들에게 목소리를 높였다. 좀처럼 아이들 앞에서 목소리를 높인 적이 없었는데 그 댓글 이야기를 들으니 너무 화가 났다. 괜히 티비에 나와 가지고 우리 아이들만 상처받은 거 아닌가 하는 생각부터 생각 없는 어른들이 왜 이렇게 많은가, 하는 마음까지 들면서 활동을 마치고 오는 내내 마음이 편칠 않다.

목도리와 장갑을 받으면서 좋아하는 아이들, 목에 두르고 오빠것, 동생 것도 챙겨달라고 하는 착하고 이쁜 아이들. 얄밉지만 언니가 좋아하는 과자니까 가져가고 맨날 때리는 형이지만 배고플까 봐 도시락을 챙겨 간다. 지난 일주일 동안 기쁘기도 했지만 내내 심란했던 것은 내년 사업계획서 등등 할 일이 많았던 이유도 있었지만 방송 후폭풍의 영향이 컸다. 좋은 일이 생긴 만큼 감당해야 할 몫도 많아지는 것이라고 나 자신을 토닥여 보지만 아이들에게 죄스러운 마음이 드는 것은 가시지 않는다. 그래도 변함없이 사랑을 주는 아이들. 언제쯤이면 아이들과 마음 편하게 눈치 보지 않고 밥 먹고 놀 수 있을까?

2020년 12월 23일

오늘까지 전달해야 하는 선물들을 어찌어찌 다 나누어주었다. 드라이브 스루로 배달도 하고 스치듯 만나주기도 하고 제대로 안부를 묻지도 못하고 축복의 말도 못 해주고 멀리서 지켜보기만 하면서.

내년에 만날 때는 편안한 상태이기를 바라본다. 정성이 가득 담긴 선물 꾸러미들이 아이들과 후원자님들, 그리고 선생님들에게 힘이 되기를. 세상에 평화를 주러 오신 그분의 뜻이 이루어지기를…. 이 모질고 힘든 시간이 눈 깜짝할 사이에 지나가기를 기도한다.

임마누엘! 하나님이 우리와 함께하신다. 그 말처럼 하나님이 우리와 함께하심을 믿는다.

7.

밥먹고놀자

식당

군포1호 아동청소년 식당 밥먹고놀자

2021년 맘마미아 사업 3년 차가 되었다. 나눔과꿈 사업은 3년간 지원되는 사업이었다. 지원이 끝나면 어떤 식으로 사업을 이어갈 수 있을까? 함께하는 다른 기관들은 지속적으로 사업을 하는 것이 어렵다고 했으나 우리는 아동청소년 전용 식당을 만들 계획을 하고 있었다. 푸드트럭을 하면서 비가 오거나 날씨가 추운 겨울에는 특히 힘이 들었다. 운영하는 우리도 힘들었지만 아이들도 힘들었을 것이다. 밥도 다 식어버리고 천막을 쳐도 추운 건 마찬가지였다. 식당이 있으면 날씨에 구애받지 않고 항상 따뜻한 음식을 줄 수 있을 거라고 생각했다. 아이들이 좋아하는 프로그램도 더 안정적으로 운영할 수 있을 것이다. 물론 걱정되는 점도 많았다.

첫 번째는 비용 문제다. 지금까지는 나눔과꿈에서 지원금을 받아서 푸드트럭과 반찬 배달을 했기 때문에 부족한 부분만 후원금을 모으면 되었지만 식당의 경우 전체 비용을 우리가 감당해야 한다. 그동안은 주방을 빌려서 사용했지만 식당을 꾸미려면 주방 공사와 기자재를 새로 구입해야 하니 초기

비용도 적잖이 들어갈 것이다. 두 번째는 운영 방식인데 식당이니 매일 운영해야 하는 것이 아니냐는 의견이었다. 푸드트럭은 일주일에 한 번이지만 갑자기 주 5일 운영하는 것이 과연 가능할까? 오랜 논쟁 끝에 푸드트럭을 하던 화요일, 반찬 배달을 하던 금요일 이렇게 주 2회 식당을 열기로 했다. 1년만 하고 말 것이 아니기 때문에 우리는 가늘고 길게 가기로 했다. 2021년 하반기부터 우리는 회의에 회의를 거듭하며 방향을 잡아갔다. 일단 장소는 별빛등대를 사용하기로 했다.

당시 별빛등대는 2020년 청년들이 카페를 창업해 운영하다가 코로나로 인해 폐업한 상태여서 공간이 비어 있었다. 식당 공사는 우리를 늘 도와주시는 인테리어 업체 사장님이 엄청 저렴하게 해주셨는데 비용을 아무리 줄여도 1,500만 원은 필요했다. 식당 공사비 걱정을 하고 있던 그때, 우연찮게 같이 사업을 하게 된 재단법인 너머서에서 1,000만 원, 키다리샘이 다니던 회사 대표이사에게 이메일 도움 요청한 것이 통과되어 500만 원을 후원받게 되어 공사비가 해결되었다. 그 후에 시의원님이 연결해주셔서 농협에서 300만 원, 유튜버 하미마미님이 200만 원의 후원금을 보내주셔서 기자재 구입도 할 수 있었다.

공사를 하면서 아이들에게 식당 이름 공모를 했다. 군포

아동청소년 전용 식당 1호점 밥먹고놀자는 이렇게 만들어졌다. 2021년 10월 16일 우리는 밥먹고놀자 식당 개소식을 했다. 교전공원, 노루목공원과 근처 청소년 아이들이 초대되었고 많은 어른들이 와서 축하해주었다. 벽면 한쪽에는 축하와 응원의 메시지가 가득 붙었고 정윤경 도의원님, 기쁨지역아동센터 편지영 센터장님이 축하의 말을 전해주었다. 간판 제막식은 아이들이 직접 했고 커팅식도 아이들이 했다. 그날은 푸드트럭 운영단장이었던 유준선 학생이 밥먹고놀자 식당에 바라는 점을 이야기해주었는데 이것이 밥먹고놀자 식당의 나아갈 방향이라는 생각이 들었다.

안녕하세요. 저는 푸드트럭 운영단 대표를 맡고 있는 군포초등학교 6학년 유준선입니다.

저는 아동청소년 전용 식당 밥먹고놀자에 다섯 가지 바라는 점이 있습니다.

첫째, 항상 열려 있는 공간이었으면 좋겠습니다.

둘째, 누구나 오고 갈 수 있는 곳이었으면 좋겠습니다.

셋째, 보드게임, 놀이 등 마음껏 놀다 갈 수 있는 공간이었으면 좋겠습니다.

넷째, 항상 저희와 재미있게 놀아주는 선생님이 계셨으면 좋겠습니다.

다섯째, 저희들의 고민을 진지하게 들어주는 선생님이 계셨으면 좋겠습니다.

꼭 제가 바라는 것들이 이루어지는 식당이 됐으면 좋겠습니다.

자주 놀러오겠습니다. 감사합니다.

밥 거점

준선이의 부탁처럼 아직은 항상 열려 있는 곳이 아니지만 아이들이면 누구나 마음껏 놀다 갈 수 있고 좋은 어른이 있는 안전한 식당이 되기 위해 노력하고 있다. 식당 개소식을 하고 난 후 우리에게는 과제가 생겼다. 먼저 교전공원에서 하던 푸드트럭에 익숙해져 있는 아이들을 식당에 익숙해지도록 하는 일이다. 11월에는 여러 가지 프로그램을 운용해서 아이들이 공간에 익숙해지도록 했고, 12월에는 공원과 식당을 번갈아 운영해서 아이들이 편안하게 올 수 있도록 했다. 교전공원과 식당은 아이들 걸음으로 15분 정도 걸려 그 동네 아이들이 올 수 있을까 걱정했지만 아이들은 생각보다 잘 적응했다. 산본1동 노루목공원에도 지속적으로 도시락을 나누기로 하면서 인근에 아이들이 도시락을 받아 갈 수 있는 곳을 물색했다. 산본1동 동장님이 얼마나 답답했는지 자기 사무실을 쓰라고 할 정도였다.

군포는 공공기관의 유휴 공간이 거의 없다. 처음에는 경로당 2층을 빌리려고 생각했다. 어르신들은 주로 1층을 이용하고 2층은 거의 사용하지 않고 있는 경우가 많았기 때문이다. 마침 노루목공원에 있는 경로당 2층을 인근 지역아동센터에서 센터 공사 기간 동안 쓰고 있던 참이라 우리가 일주일에 한 번 정도 3시간만 사용할 수 있는지 알아봤는데 경기도에서 행복마을관리소 사업의 사무실로 쓴다고 했다. 거기서 도시락 나눔이라도 하고 싶어서 알아보니 관리 주체가 사회적경제 지원 센터라고 했다. 사회적경제 지원 센터에 가서 추울 때만이라도 그 공간에서 도시락을 나눠줄 수 있겠냐 했더니, 가능하긴 한데 1월에는 운영을 하지 않고 2월이 돼야 공간을 연다는 답이 돌아왔다. 또 예전에는 보훈회관이던 근처 건물을 리모델링하여 청소년 카페를 만든 곳이 있어서 그곳을 찾아가 아이들 도시락을 나눠줄 수 있겠느냐고 물었다. 당시 코로나 상황이라 카페 면적 대비 이용 가능한 아이들이

2시간에 10명이라고 했다. 그리고 노루목공원에서 도시락 받는 아이들은 20명이 훌쩍 넘기 때문에 그 장소를 사용하는 것은 어려운 일이었다. 이후에 청소년 카페에서 도시락을 나누어주게 되었을 때도 식중독 사고와 음식물 쓰레기를 책임지겠다는 공문을 보내주어야 했다. 결국 돌고 돌아 우리는 다시 노루목공원에서 도시락을 나눠줄 수밖에 없었다.

다행히 2월부터는 마을 관리소를 이용할 수 있었으나 아이들이 공간을 영 불편해하는 것이었다. 우리도 남의 사무실에 가서 도시락을 나눠주고 있으니 마음이 편하지는 않았다. 날씨가 따뜻해지면 그냥 공원에서 나눠주는 것이 편하겠다 싶었다. 여러 가지 일이 생기긴 했지만 나는 아이들이 환영받는 공간을 늘리기 위해 지금도 애쓰고 있다. 교회는 주방 공간도 있고 1층에 카페를 만들어 놓은 곳도 많다. 경로당이나 노인정도 동네마다 있다. 아이들을 위해 일주일에 한두 번 공간을 빌려준다면 새로 건물을 지을 필요가 없다. 아이들이 잘 가기도 힘든 곳에 아이들 시설을 만들어놓고 아이들이 오지 않는다고 시설이 필요 없다고 할 것이 아니라 아이들이 사는 마을 곳곳에 좋은 어른들과 작은 공간만 있으면 아이들은 갈 곳이 생기는 것이다.

2022년 1월 4일

아동청소년 전용 식당 밥먹고놀자가 영업(?)을 시작했다. 3년 간 맘마미아 푸드트럭에서 밥을 먹고 이번에 대학에 입학한 민우는 자원봉사를 하겠다고 아침 일찍 출근을 했고 꽃이되었다 아이들은 180개의 마들렌을 구워왔다. 아이들을 위한 감자탕 90인분과 간식을 후원해주신 미국에서 오신 티모시 킴 목사님 일행이 다음으로 방문을 했다. 조리팀은 3년간 조리를 맡아주셨던 강미숙 선생님이 총괄을 맡고 기쁨지역아동센터에서 10년 넘게 아이들에게 밥을 해주셨던 황순분 선생님이 함께해주시기로 했다. 아들 졸업식이 비대면으로 치뤄진다는 것을 알고 휴가를 반납하고 오신 손윤경 선생님. 새롭게 시작하는 식당을 축복해주기 위해 오신 한무리교회 백광흠 목사님도 함께 아이들을 위한 도시락을 기쁘게 포장했다. 포장된 도시락은 아이들이 사는 곳에 가까운 밥 거점으로 배달된다. 밥 거점은 당동청소년문화의집, 꽃이되었다, 산본1동 틴터 그리고 산본1동 행복마을관리소이다. 3년간 맘마미아 푸드트럭을 운영했는데 사업이 끝났다고 산본1동 아이들을 모른 척할 수는 없었다.

그래서 생각해낸 것이 밥 거점. 도시락을 나눠주는 곳이다. 2019년부터 시작한 반찬 배달, 푸드트럭 사업은 코로나가 모든 활동을 얼어붙게 한 2020년에 오히려 너른품도시락 배달 사업으

밥먹고놀자 식당

이 도시락은 청소년 여러분이 잘 먹고 건강하게 자라길 바라는 지역의 이모 삼촌들의 후원으로 마련된 것입니다. 재료부터 조리, 포장에서 배달까지 모든 과정에 정성이 담겨 있습니다. 밥놀 식당은 사단법인 헝겊원숭이운동본부에서 운영합니다.

이 도시락을 받고 싶은 친구들은 이곳의 실무자 선생님께 신청하세요.

사단법인 헝겊원숭이운동본부

군포 아동청소년 전용 식당 1호점 밥먹고놀자

로 확장되었고 먹거리 꾸러미 나눔 활동은 산울교회가 마음상자 나눔으로 참여하면서 더욱 확대되었다. 2021년 본도시락과 함께 주말 도시락 배달 사업을 시작하게 되고 주말 특식에 참여한 신전 떡볶이 산본점, 청진동해장국(대야미) 사장님들 덕분에 더욱 풍성해졌다. 2021년을 마감하면서 결산을 해보니 코로나가 극성이던 2020년~2021년 헝겊원숭이운동본부에서 식사를 제공한 아동 청소년들의 숫자가 무려 1만191명이나 되었다. 2021년 막판에 매주 200명이 넘는 아이들에게 도시락 또는 반찬을 배달했으니 뿌듯하면서도 왠지 마음이 아프다. 밥놀 식당의 첫 번째 고객은 이번에 중학생이 된 ○○이었다. 많은 어른들의 따뜻한 환대 속에 감자탕 도시락을 챙겨 가는 아이의 얼굴에는 웃음이 가득하다. 아이들이 마음 편히 이곳을 이용할 수 있도록 안내문도 설치했다. 마음까지 얼어붙는 이 계절에 부디 아이들에게 마음까지 배부른 식당이 되길 바란다.

밥놀을 지키는 좋은 어른들

밥먹고놀자 식당은 예산을 마련하는 일도 도시락을 나누어줄 곳을 찾는 일도 모든 것이 새로운 도전이었다. 헝겊원숭이운동본부 회원님들은 예산 지원 없이 어떻게 운영하려고 하냐며 걱정을 해주셨고 시골집에서 고춧가루, 양파, 고구마, 감자, 쌀을 모아서 보내주셨다. 고춧가루를 스무 근 넘게 보내주신 덕에 김장을 하기로 했다. 그러자 반찬 가게를 하는 사장님이 배추를 같이 구입해주셨다. 김치냉장고는 고춧가루를 보내주신 임옥선 선생님이 이사 가면서 쓰던 것을 주셔서 해결되었다. 김치가 넉넉하게 냉장고에 들어 있으니 마음이 든든했다. 한 달에 한 번은 김치볶음밥을 메뉴에 넣었는데 아이들에게 인기 만점이었다. 노루목공원에서 도시락을 받는 아이들도 김치볶음밥 언제 나오냐며 기다리고는 했다.

겨울방학인 관계로 식당 문은 오후 1시에 열었다. 오전에는 조리를 하고 도시락을 싸야 했기 때문이다. 하지만 식당 문 밖에는 11시부터 아이들이 기다리고 있는 경우가 대부분이다. 하지만 공간이 좁아서 아이들을 미리 들어오게 할 수가 없다. 도시락 포장을 하려면 쭉 펼쳐놓아야 하기 때문이다. 도시락 포장이 끝나면 간식 또는 과일까지 봉투에 개별로 담아 밥 거점으로 배달을 한다. 화요일에는 도시락만 포장하면 되지만 금요일에는 반찬도 포장해야 한다. 반찬 배달은 일주일에 한 번이다. 화요일보다는 금요일에 조리하는 음식 양도 많고 포장해야 하는 양도 많아 손이 많이 필요하다. 그 소식을 듣고 반찬 배달 봉사를 하던 김예진 선생님이 운영하는 1030자전거모임에서 조리 자원봉사팀을 모집해 주셨다. 1030자전거모임은 주부들이 밤 10시 30분에 모여서 '줌'을 통해 함께 실내자전거를 타면서 운동을 하는 모임인데 그동안은 회비를 모아 후원금을 보내주었는데 조리 봉사 활동으로 확장된 것이다. 그분들은 식당을 열었던 2022년부터 현재까지 꾸준히 한 달에 한 번 봉사를 하시는 대단한 분들이다. 푸드키다리 시절부터 배달해주시던 베테랑 배달 봉사자들도 계속 배달을 해주셨고 2022년 말부터는 라이더유니온 조합원분들이 반찬 배달을 해주셔서 천군만마를 얻은 것 같다. 구도심의 복잡한 골목길도 전문가들이 하시니 걱정이 없다. 재료부터 조리, 포장, 배달까지 좋은 어른들의 마음이 듬뿍 담긴 도시락과 반찬이니 아이들이 맛있게 먹을 수밖에 없는 것 같다.

식당을 열고 나니 좋은 어른들의 참여는 지속적으로 늘어났다. 한 달에 두 번 간식을 예쁘게 포장해서 보내주는 교회 분들, 쌀이나 농산물을 보내주시는 분들도 있고 매달 100개의 도넛을 후원해주시는 도넛 가게도 있다. 도시락을 나누어 줄 수 있게 밥 거점으로 교육관 사용을 허락해준 교회도 있고 한 달에 한 번 10명이 넘는 아이들에게 먹거리 꾸러미를 보내주는 교회도 있다. 식당에 오는 놀이 봉사자는 헝겊원숭이운동본부 장학생으로 고등학생들이다. 푸드트럭 시절부터 장학생들의 기여 활동으로 아이들과의 놀이 프로그램을 해왔다. 대학생이 되어서도 아이들이 많이 오는 방학 때는 아이들과 함께 놀아준다. 아이들에게 공예를 가르치는 공예 강사님은 방학 때면 재능 기부로 프로그램을 해주신다. 이렇게 식당을 중심으로 아이들을 위한 좋은 어른들의 네트워크는 확장되고 있다.

밥놀 식당 아이들

식당에는 줄넘기와 홀라후프, 피구공, 배드민턴 라켓 등 다양한 운동 기구와 보드게임 도구도 구비되어 있다. 코로나19로 아이들의 체력이 많이 약해졌다는 이야기를 들은 터라 아이들에게 다양한 몸 놀이를 할 수 있도록 해주고 싶었다. 미션을 수행하면 쿠폰북에 도장을 찍어주어 아이들에게 동기를 부여했다. 쿠폰을 모으면 간식을 사 먹을 수 있다. 간식 가격도 아이들과 함께 정했다. 라면은 5쿠폰이고 음료수는 3

쿠폰이다. 젤리는 1쿠폰, 이런 식으로 가격표도 만들었다. 미션은 줄넘기 200개, 배드민턴공 받기 10회 등 자신이 할 수 있는 만큼 정하면 된다. 선생님의 확인을 받으면 쿠폰을 받을 수 있고 출석 쿠폰과 미션 쿠폰은 하루에 한 번 받을 수 있다. 예외적으로 쿠폰을 받을 수 있는 경우는 선생님이나 친구들을 도와주는 경우 선생님의 권한으로 쿠폰을 받을 수 있다. 쿠폰에 관한 규정은 점점 복잡해졌는데 지금은 아이들이 더 잘 알고 있다.

식당에 오면 쿠폰북을 만드는 것이 등록 절차다. 방학 때는 방학 프로그램도 운영하는데 만들기, 보드게임, 퀴즈 대회 등 다양한 활동을 준비한다. 그중에 아이들이 가장 좋아하는 것은 보물찾기다. 근처 효자공원에 보물을 숨겨두고 시간을 정해서 보물을 찾는 단순한 방식인데 아이들은 열광한다. 처음 식당을 열었을 때 아이들은 혼자서 핸드폰으로 게임만 했지만 지금은 핸드폰은 두고 같이 노는 것을 좋아한다. 아이들은 피구, 배드민턴, 축구, 보드게임과 오목, 장기까지 같이 두면서 논다. 푸드트럭 때처럼 식당에도 운영단이 있다. 선생님을 도와 식당 청소도 하고 놀이터에서 놀잇감을 수거해 오기도 한다. 새로 온 친구들에게 화장실도 알려주고 밥 먹는 법도 알려준다. 설날에는 식당 주변 이웃들에게 작은 선물과 카드를 작성해서 전달하기도 했다. 식당을 정리하는 시간이면 아이들은 서로 걸레질을 하겠다고 한다. 공원에 가서 쓰레기를 주워 오는 아이도 있고 놀잇감을 찾기 위해 한 바퀴 돌아보겠다고 하는 아이도 있다. 누가 시켜서 하는 것이 아니라 아이들이 자발적으로 참여한다. 회사에서 퇴근하고 아이들 간식을 만들어주시는 키다리 샘이 간식을 만들 때 도와주겠다는 아이들이 많아 간식 봉사팀을 따로 뽑기도 했다. 소떡소떡 만들 때 소시지와 떡을 순서대로 꽂거나 튀김용 감자 껍질을 필러로 벗기는 작업 등 50인분의 간식을 만드는 것은 무척 힘들고 지루한 작업이다. 하지만 아이들은 이 힘든 시간을 꾹 참고 간식 준비를 돕는다. 다 만들고 나서도 다른 아이들이 먹고 나서 맨 나중에 간식을 먹는다. 물론 훨씬 신나는 일이 생겼을 때는 "오늘은 쉴게요" 하며 내빼지만, 아이들이 성장하는 것을 지켜볼 수 있는 시간이었다.

밥먹고놀자 식당 일기

2022년 1월 17일

밥놀 식당 오픈 첫날, 학교 선생님의 소개로 처음 오게 된 ㄱ이.

전화로 친구를 불렀다. 친구는 베트남 이름을 쓰는 ㄷ이. 통통하고 먹성 좋은 ㄱ이와 반대로 마르고 왜소한 체격의 ㄷ이. 같은 학년이라는 것이 믿기지 않을 정도였다. 금요일에도 두 아이는 약속을 하고 와서 식당 문을 닫는 시간에 갔고 토스트 이벤트 하는 토요일에도 같이 와서 놀다가 토스트를 포장해서 집으로 돌아갔다. 그런데 웬일일까? 다시 돌아온 화요일, 아이들이 둘 다 오지 않는다. 무슨 일인가 궁금했지만 이유를 알 수는 없었다. 그리고 금요일 식당 문을 열기도 전에 ㄱ이가 왔다.

"화요일에 왜 안 왔어?"

"그냥 집에 있었어요."

"밥은?"

"엄마가 준비해놓은 거 먹었어요."

"심심하지 않았어?"

"네."

"ㄷ이도 안 왔어."

"아….."

잠시 후 ㄱ이가 나에게 겸연쩍은 웃음을 지으며 이야기를 한다.

"선생님, 사실은요. 저희 토스트 먹은 날 있잖아요. 토요일 날 그날 집에 가다가 싸웠어요."

"아니, 왜?"

"ㄷ이가 먼저 시비 걸어서 제가 한 대 때렸어요."

"아이구 저런. 오늘 ㄷ이 온대?"

"이따가 1시에 온다고 했어요."

"화해한 거야? ㄱ이가 먼저 연락했어?"

"아니요. 그냥 까먹고 전화했는데 받아서 다시 이야기하게 되었어요."

"아, 진짜 그랬구나. 어쨌든 잘 됐어."

잠시 후 잠에서 막 깬 듯한 ㄷ이가 왔다. 둘이는 언제 싸웠냐는 듯 사이좋게 장난도 치며 논다. 두 아이는 손재주가 좋다. 만들기도 잘하고 종이접기도 잘한다. ㄱ이는 중국 다문화가정이고 ㄷ이는 베트남 가정이다. 다문화니 국적이니 아이들을 둘러싼 문제는 복잡하기 그지없지만 ㄱ이와 ㄷ이는 사이좋은 친구다. 두 아이 다 방학 동안 집에 혼자 있어야 한다. 작년까지는 학교돌봄교실을 갈 수 있었지만 3학년이 되어서 이제는 갈 수 없다고 한다. 근처에 지역아동센터라도 연결해주고 싶지만 근처 지역아동센터에는 자리가 없다. 2022년 겨울방학 동안 밥놀 식당에서 코로나도 이겨내고 건강하고 행복한 시간 보내길 바란다.

2022년 2월 27일

하루에 확진자가 17만 명을 넘었다. 빡세기로 세계적인 K방역에서는 있을 수 없는 일이었지만 이제 확진자와 밀접 접촉자라 해도 검사 결과가 음성이면 정상 출근을 한다. 한 공간에 있었다는 이유로 2주간 자가 격리를 하던 시절은 지나갔다. 가족이 확진된 경우에도 일주일간의 격리가 끝나면 일상생활로 돌아간다. 과연 오미크론은 코로나 바이러스의 종말인가? 아직 끝이 오진 않았지만 조심스레 기대를 해본다. 중소상공인들의 어려움은 누구나 공감하지만 사실 가장 큰 피해를 입었으나 전혀 고려 대상이 되지 않은 존재들이 있다. 바로 아이들이다. 밥놀 식당에서 자주 볼 수 있는 초등학교 3학년 아이들이다. 학교 돌봄에서 짤린 3학년들은 좀비들처럼 동네를 헤매고 다닌다. 태권도 학원만 혹은 아무 곳도 다니지 않는 아이들.

이 아이들이 특별히 안쓰러운 이유는 코로나로 인해 초등학교 입학이 연기되었으며 온라인으로 선생님을 만난 아이들이기 때문이다. 2학년 때는 그래도 학교는 갔지만 운동장에서 한번도 뛰어놀지 못했기 때문이다. 아이들이 가장 좋아하는 소풍도 운동회도 마을 축제도 해 보지 못했다. 벌써 3학년이 되었다고 학교 돌봄에서 짤렸지만 어디 받아주는 곳은 없다. 지역아동센터들도 오미크론 여파로 가정 돌봄이 넘쳐나고 어린이집도 문을 닫아 부모들은 난리다. 2022년에는 정상 등교한다는 소식에 모두들 얼마나 다행이라 여겼던가? 하지만 오미크론의 역습으로 다시금 아이들의 등교가 교장 선생님의 재량에 맡겨지게 되었다.

집에서 돌봄이 되고 학원을 다녀서 학교 공부를 따라갈 수 있는 아이들은 그나마 다행이다. 그 아이들은 가족들끼리 여행도 다니고 다양한 체험도 하고 있다. 하지만 학원을 보낼 형편이 되지 않는 것은 물론 가정에서 돌봄도 되지 않는 아이들의 형편은 상상하는 것 이상으로 어렵다. 일단 먹을 것을 챙겨주고 학교 진도를 따라가는 것을 도와줄 어른이 없다. 이 문제는 상상하는 것보다 훨씬 심각하다. 지역아동센터에서 선생님들이 가장 힘들어하는 것은 한글을 익히지 못하는 아이들을 일대일로 지도해줄 강사가 부족하다는 것이다. 그뿐인가? 중학교에서는 구구단을 못 외운 아이들이 구구단을 외우고 알파벳을 못 익힌 아이들이 알파벳을 공부한다. 자원봉사 일지에 맞춤법을 틀리는 중학생이 한둘이 아니다. 처음에는 조금 차이가 났지만 자꾸만 차이가 커지니 아이들은 공부하는 것을 포기해버렸다. 선생님들은 배로 힘이 든다. 우리 지역 군포에서 일어나고 있는 일이다.

지역의 선생님들은 아이들의 기초 학습을 높이기 위해 백방으로 노력한다. 예산을 알아보고 대학생 멘토를 구하느라 정신없다. 하지만 정작 이것을 가장 걱정하고 지원해야 할 곳은 학교가 아니냐 말이다. 학교에서는 교사들이 이렇게 기초학력 미달인 아이들을 가르치는 것이 아니고 대학생들이나 강사를 뽑아서 가르친다.

교육 전문가인 교사가 가장 교육이 필요한 아이들을 가르치지 않고 있는 게 현실이다. 물론 정성으로 아이들을 가르치는 교사들도 있다는 것은 잘 알고 있다.

다음으로 걱정되는 것은 정서적인 문제다. 친구들과 관계 형성이 어렵고, 학교에 적응을 못 해서 중학교 1학년이 학교 다니는 것을 포기한다. 게임에 빠져 학교에 출석을 하지 않는다. 온라인에서 만난 형들이 자위하는 법을 알려준다. 디지털 세상에서는 한 명이 무려 1300명을 대상으로 쉽게 성범죄를 저지를 수 있다. 코로나가 끝나고 학교에 가기 싫어하고 친구들과 어울리지 못하는 아이들, 기초학력이 부족해서 아예 학습에 흥미를 잃은 아이들은 누가 책임을 질 것인가? 이 아이들이 우리의 미래라면 우리는 무엇을 해야 할 것인가?

2022년 5월 4일

밥먹고놀자 식당에는 항상 아이들의 소리로 가득하다.

— 선생님, 저 밥 먹을래요.

— 선생님, 저 다쳤어요.

— 선생님, 철수가 자꾸 놀려요.

수많은 민원을 해결해주려니 어떤 때는 정신이 없다. 어제는 아이들이 한꺼번에 몰려와서 나에게 도움을 요청한다.

"선생님 민수가 다쳤어요. 바지도 찢어지고 무릎에서 피도 나요. 자전거 타다가 넘어졌어요."

우리 식당이나 가까운 공원에서 일어난 일도 아닌데 아이들은 나에게 와서 말한다.

"민수 엄마 안 계셔?"

"전화 안 받는데요."

아이들을 따라 골목길을 따라 내려가니 민수가 길바닥에 앉아 있다. 괜찮은지 살펴보고 걸을 수 있겠냐고 했더니 자전거도 탈 수 있다고 한다. 민수와 같이 돌아오는데 아이들이 마주 보며 이야기한다.

"역시 선생님이야. 올 줄 알았어."

"선생님, 우진이가 여기서는 이렇게 앉아서 집중을 하고 그림을 그리네요. 학교에서는 요주의 인물이에요."

어제 방문한 교육복지사 선생님의 말이다.

"선생님, 참 이상해요. 저는 여기서(식당)는 친구들이 잘 놀아주는데 학교에서는 안 놀아줘요."

토요일에 반찬 가게에 쌓인 후원받은 물품을 정리하고 있었는데 아이들이 식당 안을 들여다본다.

"선생님 뭐 하세요?"

"응… 식당 이사 가."

갑자기 장난기가 발동해 거짓말을 했다.

"정말요? 어디로요?"

"아니야. 짐 정리하는 중이야."

"뭐예요. 울 뻔했잖아요."

"미안해. 장난친 건데…."

밥놀 식당이 뭐길래 아이들은 여길 이토록 좋아한단 말인가?

밥놀 식당에는 헝겊원숭이들이 있기 때문이다. 헝겊원숭이는 아이들의 말에 귀를 기울이고 마음을 알아주는 어른이다. 아이들은 자기의 이야기를 들어줄 어른들을 찾고 있다. 어른들이 보기에는 논리도 부족하고 작은 목소리지만 아이들은 자신들의 이야기를 하고 싶어 한다. 하지만 아이들과 함께한 시간을 통해서 나는 아이들이 세상을 이해하는 정확한 기준을 가지고 있다는 것을 알고 있다. 식당 단골손님이던 우영이가 다른 도시로 이사를 갔다고 했다. 알고 보니 우영이는 시설에 있는 아이였다. 이제 겨우 3학년인데 다른 시설로 가고 싶어서 보냈다고 했다. 며칠 후 우영이의 친구 다정이가 조그마한 목소리로 얘기를 해주었다.

"우영이 갈 때 정말 슬펐어요. 우영이가 정말 많이 울었거든요."

가슴이 철렁 내려앉았다. 정말 아이가 가고 싶어서 간 것일까? 안 그래도 부모와 떨어져 시설에 있는 아이인데 친구들과 헤어져

낯선 도시로 간 우영이를 생각하니 마음이 아프다. 아이들의 마음에 피멍이 드는 일은 더 이상 생기지 않았으면 좋으련만 항상 나중에 알게 된다. 열심히 반찬 배달을 하던 아이가 시설에 가게 되었다고 해서 알아보니 친부로부터 성추행을 당해서였고, 코로나로 등교를 하지 않는 기간이 길어지자 시설에 보내진 아이도 있었다. 아이들에게 이 시기가 얼마나 중요하고 소중한 시간인데 이렇게 가슴 아프게 기억될 걸 생각하니 마음이 답답하다. 내일은 5월 5일 어린이날. 그것도 100주년이다. 요즘 아이들은 100년 전보다 행복해졌을까?

2022년 5월 18일

한 달에 두 번 식당 담당으로 일한다. 도시락 포장을 마치고 밥 거점으로 배달이 끝나고 나면 사무실 지킬 사람도 있어야 하고 다른 업무도 봐야 하니 4명의 사무국 직원들이 돌아가면서 2주에 한 번 식당을 지킨다. 담당자의 할 일은 쉬우면서 어렵다. 도시락을 챙겨주고 아이들의 출석 도장과 미션 수행 도장을 확인하고 찍어주어야 한다. 그리고 그 도장이 찍힌 쿠폰으로 간식거리를 사 먹으려고 한다면 아이들의 쿠폰북에서 차감도 해야 한다. 4시 30분부터 고객님들이 몰리기 시작하면 슬슬 정신이 없다가 5시 이후부터는 정신을 똑바로 차리지 않으면 기록이 누락되거나 말을 들어주지 않는다고 고객님들이 삐지게 된다.

어제는 내가 담당자였다. 도시락을 신청한 고객님들은 28명이지만 신청하지 않고 방문하는 아이들과 새로 온 아이들이 10명 정도 되기 때문에 평균 40명 이상의 아이들이 밥놀 식당을 방문한다고 보면 된다. (물론 앞으로 더 늘어나겠지만) 혼자서 아이들을 맡아야 하는 건 아니다. 4시 30분까지는 주방팀이 남아 있고 5시에는 고등 인턴십 장학생이 온다. 그리고 매달 2, 3, 4주 금요일에는 배달이 있어 배달하시는 선생님들이 오시기 때문에 배달 담당인 나는 식당에 있는 편이다. 근처 군포초 복지사 선생님들도 자주 오신다. 학교에서 요주의 인물들이 밥놀 식당에 자주 출몰하기 때문인데 식당에서는 아이들이 잘 지내고 있어서 전혀 요주의 인물처럼 보이지는 않는다. 정해진 업무는 아니지만 밥놀 식당에서 아이들의 이야기를 들어주는 것도 중요한 일이다. 어제는 3학년 체육대회가 있었던 날이었다.

"우리 반이 3등 했어요. ○○이네는 1등이에요. 저는 달리기에서 1등 했어요."

체육대회를 하다니 너무 감격스럽다. 3학년들은 1학년 때 코로나가 시작되어 2년간 학교도 제대로 못 가다가 이제야 학교의 맛을 제대로 경험하는 아이들이다.

"선생님, 저 2학년 때는 맨날 10점, 20점이었는데요, 이제 90

점, 100점 맞아요."

"어머! 우리 ○○이가 왜 이렇게 공부를 잘하는 거야?"

"저 이제 학원 다니잖아요. 그래서 그래요."

"학원 다니자마자 그렇게 공부를 잘한다고? 정말 대단해!"

아이들에게 칭찬해주는 건 화초에 물을 주는 일과 같다. 잘못된 행동을 지적하기보다 잘한 일을 칭찬하면 아이들은 더욱 잘하고 싶어 한다. 요즘 밥놀 식당에는 동시 대회에 참가를 독려 중이다. 귀찮다고 하지만 미션으로 인정해준다고 하면 아이들은 적극적으로 참여한다. 5학년 ○○이가 시를 쓰고 그림을 그리고 있으니 방문하신 선생님들이 칭찬을 한다. 옆에 있던 꾸러기 ㅈㄱ이가 자기도 시를 쓴다고 앉아서 애를 쓰고 있다. 도저히 생각이 안 난다며 도시락을 먼저 먹는다.

"우리 ㅈㄱ이가 시를 쓰다니 정말 대단해."

"○○형은요? 저 형도 쓰는데 제가 쓰는 게 뭐가 대단해요."

짐짓 형을 자기보다 높게 평가하는 것이 서운했던 모양이다. 아무튼 아이들이 써준 시를 보면 마음이 뭉클했다. 아이들은 밥놀 식당에서 참 행복하구나 하는 생각이 들었기 때문이다. 애초에 우리가 바라던 것이 바로 이것이었는데. 아이들이 행복한 세상.

밥먹고놀자 (군포초 6학년 황○○)

놀이공원에 온 것처럼

신이 나는 이곳 밥먹고놀자

놀이공원 직원처럼

재미 있고 친절하게

알려주는 선생님

놀이공원에 온 것처럼

아이들은 재미 있게

뛰어논다.

놀이공원에서 나가는 것처럼

집에 돌아갈 때

아쉽다는 생각이 든다.

2022년 5월 25일

1. 6월부터는 밥놀 식당에서 밥을 먹기로 했다. 원래 푸드트럭
에서 하던 방식으로 돌아가기로 한 것이다. 그러다 보니 배식대를
만들어야 하고 공간을 넓혀야 한다. 토요일 안쪽에 있던 긴 블록

벤치를 끌어내고 창문 쪽 공간을 활용하려면 테이블이 있으면 좋겠다는 의견에 천화 샘이 담박에 남는 나무로 창가 쪽에 테이블을 만들었다. 바깥의 벤치에는 아이들이 옹기종기 모여 놀기 좋다. 근데 한 가지가 아쉽다. 어닝만 있으면 딱인데. 그 외에도 반찬 식지 않게 하는 뷔페 그릇, 수저, 접시, 밥솥, 컵 등등 사야 할 게 엄청 많다. 하지만 훨씬 맛있는 음식을 줄 수 있다는 생각에 행복하기만 하다는 우리 조리팀이다.

2. 밥놀 식당에 슬러시 기계가 왔다.

날씨가 더워지자 아이들은 아이스크림이나 얼음 음료를 찾기 시작했고 우리는 슬러시 기계를 알아봤다. 새 걸 사려면 무려 340만 원~380만 원. 당근마켓에 20만 원에 올라온 걸 발견하고 바로 연락을 하고 받으러 갔다. 이 기계는 교회에서 어린이 전도 목적으로 사용하던 것으로 관리가 잘 되어 있었다.

"거기도 좋은 일 하는 곳이라고 하시는데 그냥 드리려구요."

놀랍게도 이렇게 슬러시 기계는 제 발로 오게 되었다.

어메이징! 너의 사명은 아이들을 행복하게 해 주는 것인가 봐. 슬러시 기계야.

2022년 7월 2일
아이들이 주인이 되는 곳

1. 밥먹고놀자 식당에서는 아이들이 스스로 움직이는 방법을 연구한다. 예를 들어 출석을 하면 쿠폰북에 도장을 찍어 도장 개수로 간식을 살 수 있게 한 것도 사실은 식당에 오는 것을 주도적으로 할 수 있도록 돕기 위한 장치이다. 코로나 동안 집에만 있던 아이들을 운동하게 하면 좋을 것 같은데 그냥 체육 프로그램을 해서 수동적으로 참여하게 한 것이 아니라 각자의 목표를 정하고 미션을 정해 운동에 참여하게 하였다. 예를 들어 줄넘기 100개 훌라후프 200번 공 받기 10번, 이런 식으로 목표를 정하고 그것을 달성하면 쿠폰북에 도장을 받을 수 있는 방식인 것이다. 쿠폰북은 커피숍 같은 곳에서 고객들을 대상으로 운영하는 포인트 제도 같은 것이다. 중국집에서는 스티커 판을 주고 스티커를 다 붙이면 탕수육을 서비스로 준다. 밥놀 식당에서는 쿠폰으로 간식을 사 먹을 수 있다. 음료수, 젤리, 컵라면, 과자 등등을 사 먹을 수 있다. 간식의 가격도 아이들과 상의해서 정했다. 너무 비싸서 잘 안 팔리는 품목은 가끔 세일도 한다. 무더운 날은 음료수를 좀 싸게 팔거나 오후에 간식을 해주시는 키다리 샘이 안 오시면 라면을 세일하기도 한다. 그러다 보니 아이들은 누가 시켜서 무엇을 하는 것이 아니라 스스로 계획을 가지고 움직인다.

2. 6월부터 자율 배식을 실시했다. 코로나 때문에 그동안은 도시락을 싸서 나눠주었는데 도시락은 장단점이 있었다. 나눠주기

가 편하고 집에 가져가서 먹을 수 있다는 장점이 있는 반면 잔반이 많이 나오고 포장 쓰레기가 많이 나온다는 치명적인 단점이 있다. 실내 취식이 가능해지면서 우리는 자율 배식을 가장 잘 할 수 있는 방법을 고민했다. 우선 밥놀 고객 중 고학년들을 대상으로 밥놀 식당 운영위원 신청을 받았다. 운영위원들은 자율 배식에 대해 회의를 하고 효과적인 운영 방법을 의논했다. 음식물 쓰레기 처리 교육을 받고 밥놀에 오는 아이들에게 밥놀 식당 뷔페 이용법을 알려주는 역할도 했다. 운영위원들은 전부 6학년 남자아이들이다. 활동할 때 헝겊원숭이 티셔츠를 입고 하겠다고 의견을 내어 티셔츠를 지급 받았고 활동을 하고 나면 2쿠폰을 지급받는다. 때로는 사용한 컵이 쌓여 있으면 선생님을 도와 컵 설거지를 하기도 하고 놀이터에 아이들이 버린 쓰레기와 놀잇감을 정리하기도 한다. 7월엔 회식도 할 예정이라고 한다. 몇 주 전 밥놀 식당 당번일 때 우연히 자원봉사자 선생님들이 한 분도 안 오시는 바람에 혼자 식당을 지키게 되었는데 운영단이 있어서 얼마나 큰 도움이 되었는지 모른다. 지금은 스테인리스 접시에 자율 배식을 하고 있으며 잔반도 거의 없다. 다 먹은 후에는 스스로 잔반 처리를 하고 개수대에 접시를 한번 헹구어 둔다. 거의 모든 아이들이 이용 방법을 잘 지켜주고 있어 자율 배식과 운영단은 꽤 성공적이라고 할 수 있다.

3. 밥놀 식당에서는 모든 아이들이 스스로 움직이는 것을 권장

한다. 모든 행동을 하기 전에 허락을 받는 아이들이 많았다. "물 먹어도 돼요?", "친구 데려와도 돼요?", "저도 쿠폰북 하고 싶어요.", "저 보드게임 해도 돼요?". 하다못해 "여친하고 통화해도 돼요?" 같은 질문을 하는 아이도 있었다. 하지만 규칙을 지키면 모든 것을 다 이용할 수 있다는 것을 알게 된 아이들은 식당의 주인이 되어간다. 간식 포장지가 놀이터에 버려져 있거나 배드민턴 채를 그대로 놔두고 가버리면 아이들이 챙겨 가지고 온다. "선생님 제가 한 번 더 볼게요." 시키지 않아도 아이들 스스로 움직인다. 스스로 움직이는 아이들은 의욕이 가득하다. 게임만 하지 않고 그림도 그린다. 보드게임도 하고 밖에서 피구 하고 훌라후프, 줄넘기도 열심히 한다. 어제는 4학년 ㅈㅇ가 큰 소리로 나에게 제안한다. "선생님, 다음 주 화요일에 밥놀 식당 쉬는 기념으로 조조좀비 해부하면 어떨까요?" 다른 아이들이 하고 싶다고 한다. "좋아." 조조좀비 해부 세트는 기부받은 장난감 세트로 좀비 모형을 발굴(?)해서 조립하는 놀잇감이다. 아이들은 동그랗게 앉아 진지하게 활동을 시작한다. "선생님, 저도 할 거예요, 밥 먹고 나서. 제 꺼 챙겨주세요." 이렇게 의욕적인 아이들을 보았는가? 간식 만들어주는 키다리 샘은 초등학교 3학년 아이들과 함께 간식을 만든다. 이 아이들은 힘들고 지루한 50인분 간식 준비를 견디고 도우미가 된 아이들이다. 아이들은 때로 피자를 만들고 식빵을 자로고 소스를 바르고 식빵을 밀대로 밀었다. 한번 시작하면 끝까지 해야 한다. 중간에 가버린 아이는 다시는 간식 도우미가 될 수 없다. "전국에 어디도 초등학교 3학년들이 이렇게 간식 도우미 하는 곳은 없을 꺼야!" "아, 그러고 보니 모두 3학년이에요. 우리 다." 초등학교 3학년은 코로나의 가장 피해를 입은 아이들이다. 어제도 ○○이가 감격스러운 목소리로 나에게 자랑했다. "선생님, 저 태권도 학원 다닌 지 3년 만에 처음 워터파크 가요!!" 헝겊원숭이 운동본부는 아이들이 행복한 세상을 만드는 것이 비전이다. 밥놀 식당에서 그 소망이 조금은 이루어지고 있는 것 같다. 아이들이 주인인 곳. 밥먹고놀자 식당이다.

2022년 8월 24일

어제는 푸드트럭에서 3년간 밥 먹고 이제는 대학생이 되어 방학 때면 봉사하러 오는 ㅁ이가 이번 주가 마지막 봉사라면서 비타민 음료수를 사 가지고 왔다. 무거운 밥솥이며 도시락 포장이며 구박 받아가며 성실히 나와준 ㅁ이가 한없이 고맙고 기특하다.

"어 어디 가서 이런 소리 못 듣는다."

"그럼요, 샘 맞아요. 다 피가 되고 살이 되는 말씀이죠."

진짜 성격 좋다며 ㅁ이를 칭찬하는 선생님들.

"겨울방학 때도 와라 —."

정말 야생 소년이었던 3학년 ㅈ이. 아빠는 건축 일을 하시고 엄마는 식당에 다니셔서 항상 혼자. 심심해서 개학을 기다리던 아이. 식성도 좋고 기운도 세서 형들도 ㅈ이를 만만하게 보지 못했었다. 그런데 어제는 2학년 동생들이 연달아 ㅈ에게 까부는데 책상을 치며 분을 삭일 뿐 주먹이 나가지 않는다.

"샘! 저 불닭 먹어야겠어요. 너무 스트레스 받아요."

약속대로 폭력을 쓰지 않으려고 애쓰는 ㅈ이를 보며 언제 저렇게 자랐나 싶다.

개학하니 아이들이 5시부터 바글바글하다. 봉사자 선생님이 못 오시는 바람에 혼자 정신이 하나도 없는데 멋진 청년이 쓱 들어오더니 인사를 한다. 누군가 했더니 작년 헝겊원숭이운동본부 장학생이다. 이제 대학에 다니고 있는 ㅅ이었다. 안경을 벗고 렌즈를 껴서 잠시 못 알아봤다.

"수강 신청하고 들렀어요."

아이들과 인사를 나누며 바쁜 나를 도와준다. 애들이 참 고맙다. 개구쟁이 동생들이랑 놀아주느라 힘들었을 텐데 잊지 않고 찾아오는 아이들. 참 잘 자랐다는 생각이 든다. 식당을 마감하는데 손이 부족해서 도와달라고 하니 5학년 여자아이들이 꼼꼼하게 청소를 한다. 6학년 운영단 남자아이들보다 훨씬 낫다.

"얘들아, 고마워 ─. 내년에 운영단 안 해볼래?"

"내년에 저 이사 갈지도 몰라요. 아주 멀리요."

"아니 6학년이 어딜 이사 가? 아빠한테 예민한 시기라 환경이 바뀌면 사춘기 심하게 올 수도 있다고 말씀 드려."

"선생님. 아빠가요, 사춘기 오면 가만 안 둔대요."

"뭐? 사춘기가 뭐 마음대로 되는 일인가?"

아, 정말 이 아빠를 어쩌면 좋으냐⋯. 암튼 아빠보다 철이 든 5학년 ㅇ이는 남는 도시락을 아빠 드린다면서 챙겨 간다.

2022년 9월 15일

"선생님 보고 싶었어요."

"나도 보고 싶었어. 추석 잘 보냈어?"

"아뇨. 심심해서 죽을 뻔했어요."

추석을 지내고 온 아이들이 이렇게 말해주니 기분이 좋다.

아이들이 제일 좋아하는 계란말이를 산더미만큼 말았다. 호박과 감자로 야채 튀김을 만들어 간식으로 주었다. 추석 전 주에 그렇게 싸우던 아이들이 사이좋게 앉아서 게임을 한다.

"니들 이제 안 싸워?"

"무슨 말씀이에요? 우리 사이 좋아요."

어쩌면 아이들은 이렇게 금방 사이가 좋아질까? 문제가 있는 아이라 하지 마라. 어제는 그랬을지라도 언제 그랬냐는 듯 오늘은

순한 눈망울로 나에게 말한다.

"바나나 한 개 더 먹어도 돼요?"

<u>2022년 12월 12일</u>

무엇이 그렇게 아쉬운가— 밥먹고놀자 아이들을 위한 기도

얘들아, 이제 집에 가야지. 선생님도 집에 가야지.

선생님, 잠시만요. 물 좀 마시구요.

선생님, 저 화장실 가고 싶어요.

선생님, 저 귤 한 개만 더 먹고 싶어요.

선생님, 지금 쿠폰으로 음료수 사면 안 되지요?

아이들을 밖으로 내보낸 다음엔 또 다른 전쟁이 기다리고 있다.

선생님, 저 태워주시면 안 돼요?

선생님, 집 가는 길이 너무 깜깜하다구요.

선생님, 더 놀다 가면 안 돼요?

아이들은 아직 부모님이 돌아오지 않은 캄캄한 집에 가기 싫은 것이다.

그 아무도 없는 집을 향해 어두컴컴해진 골목을 걸어서 집으로 가는 씩씩한 너희들을 사랑한다.

집에 가서 먹을 도시락과 귤 한 알이라도 더 챙기는 너희들을 축복한다.

너희들의 가는 길에 밝은 햇살이 비추기를. 길이 없는 길에서도 길을 찾기를. 마침내 모든 어려움을 너머서 꿈을 이루는 사람이 되기를.

2022년 12월 24일

23일 금요일, 기다리고 기다리던 밥놀 식당 산타 잔치가 진행되었다. 일단 먹거리부터 밥놀 시그니처 메뉴 순살치킨, 그리고 로제 스파게티. 이것만도 행복한데 키다리 샘은 회사에 반차를 내고 오셔서 붕어빵과 어묵 그리고 아이들이 타령을 하던 사천 마라탕을 간식으로 준비해주셨다. 도시락 배달은 라이더유니온 조합원님들이 전부 다 해주셨다. 4시부터는 선생님들이 정성 들여 준비한 다양한 게임과 이벤트를 했다. 그 와중에 몰래 쌀 기부하시는 익명의 기부자 부부가 쌀과 아이들이 좋아하는 핫초코를 잔뜩 가지고 방문해주셨다. 초코펜으로 쿠키 만들기, 숨은그림찾기, 미션 게임 등등 게임이 끝날 무렵 아이들은 깜짝 놀랐다. 마지막 이벤트 산타할아버지가 선물이 가득 실린 헝레이를 타고 등장했기 때문이다. 바쁜 일정 중에서도 산타할아버지는 식당이 끝날 때까지 아이들과 함께 있었고 다양한 질문에 답변도 해주셨다. 선물은 당동청소년문화의집 대학생 서포터즈와 군포경찰서와 여러 후원자님 덕분에 넉넉하게 준비할 수 있었고 노루목과 다른 밥 거점에도 나눌 수 있었다. 아이들은 선물도 산타도 먹거리도 좋았지만 선생님들이 많이 와서 좋았다고 한다. 든든한 헝겊원숭이들 덕분에 추운 날씨였지만 행복한 산타 잔치였다.

8.

헝겊원숭이의
사업

절대 선물

법인 설립 초기부터 우리가 해오던 사업이 있었는데 그것은 교복 지원 사업이었다. 교복 지원 사업은 현 사무국장인 홍슬희 선생님이 합창 강사 시절 지인들과 돈을 모아 아이들의 교복을 지원한 '사랑이모 행복삼촌 키다리아저씨 프로젝트'로부터 시작되었는데 무려 8년간 지속되었던 사업이다. 처음에는 기쁨지역아동센터 아이들을 대상으로 하였으나 모금 액수가 늘어나면서 군포의 모든 학생으로 확대되었다. 2017년 홍슬희 선생님의 교복 사업을 보고 이천화 선생님이 다니시던 회사와 지인들에게 모금해 키다리아저씨 프로젝트와 함께 진행하게 되었다. 이 사업은 헝겊원숭이운동본부가 만들어지기 전부터 시작된 것이었다. 모금된 후원금은 초등학교와 중학교를 졸업하는 아이들에게 지원되었는데 국가에서 교복 지원이 시작된 후부터 상급 학교 진학 물품 지원으로 지원 내용이 달라졌다.

아이들이 상급 학교에 입학하게 되면 교복 말고도 신발, 옷, 가방 등 새로 구입해야 하는 물품이 늘어난다. 이 사업은 현재까지 이어져 '키다리 프로젝트 절대 선물'이라는 사업으로 지속되고 있다. 처음에는 현금을 지원하는 것으로 했는데 현금이 아이들에게 제대로 사용되지 않는 경우가 있어 추천한 선생님과 아이들이 함께 계획을 세우고 물품을 구매하는 방식으로 바뀌었다. 별도의 증빙서류 없이 선생님의 추천만으로 아이를 지원하는 것인 만큼 선생님의 역할이 중요한 사업이다. 나름 큰돈을 써본 적이 없는 아이들은 처음에는 계획 세우는 것을 어려워했지만 사전 조사를 하면서 알뜰하게 계획을 세우고 선생님과 함께 쇼핑에 나선다. 후기를 들어보면 아이들이 좋아하는 것은 물론이고 부모님들도 "우리 아이가 이런 것을 갖고 싶어하는지 몰랐다"며 속상해하시는 분도 있었고 "내가 사주지 못하는 것을 살 수 있어 아이가 저렇게 좋아하니 기쁘다"는 분들도 계시다.

마중물 사업

2020년부터 다른 지역이나 기관에서 먹거리 지원 사업에 대한 문의나 컨설팅 요청이 있었다. 하지만 헝겊원숭이는 우리 마을의 아이들을 우리가 돌본다는 원칙을 가지고 있어 멀리 있는 지역까지 사업을 확장하는 것은 맞지 않다고 생각하였다. 하지만 근처 안양이나 의왕에서 요청이 있을 때는 참으로 곤란했다. 특히 군포의왕교육지원청으로 묶여 있는 의왕에서 왜 군포만 지원해주느냐는 문의를 받을 때는 미안한 마음도 들었다. 그러던 중 2021년 군포에서 학교사회복지사로 근무하다가 안양 교육복지사로 간 선생님이 긴급 지원 요청을 해왔다. 코로나19로 도움이 필요한 아이들의 수는 늘어났는데 어디에 지원을 요청해야 할지 알 수 없어 우리에게 도움을 요청했다고 하셨다.

사정을 들어보니 안양에도 먹거리 지원을 비롯해 긴급 지원이 필요한 아이들이 많았다. 비용을 지원하는 것은 어려운 일이 아니었지만 도시락이나 반찬을 배달해줄 파트너 기관을 찾는 것은 힘든 일이었다. 다행히 빚진자들의집에서 반찬 배달 사업을 함께해주어 안양 지역의 아이들에게도 지원을 할 수 있었다. 대안학교에서 졸업 인터뷰를 하러 온 발도르프자유학교 학생은 동아리를 만들어 먹거리 배달을 해보겠다고 했고 의왕에서는 우리가 연계한 작은 교회가 학교에서 추천받은 도움이 필요한 아이들과 함께 시장을 보는 활동을 하고 있다.

우리는 모든 지역에 헝겊원숭이운동본부가 직접 사업을

해야 한다고 생각하지 않는다. 우리는 아이들이 있는 지역에서 좋은 어른들이 있다면 마중물이 될 예산 지원을 통해 그 지역에서 아이들을 지원하는 네트워크를 만들어가는 것이 필요하다고 생각한다. 그동안 많은 지역의 민간단체와 공공기관에서 헝겊원숭이운동본부에 벤치마킹을 하러 왔다. 우리는 얼마든지 모든 정보와 자료를 제공할 의향이 있고 예산 범위 내에서 마중물이 될 예산을 지원할 의사도 있다. 이 글은 쓰는 2023년 5월에는 군포 이외에 의왕과 안양 두 곳의 밥 거점 사업을 지원하고 있으며 추가로 지원할 계획도 가지고 있다. 우리는 지역이나 증빙서류에 크게 구애받지 않고 아이들을 지원하려고 한다. 아이들을 추천하는 선생님을 믿고 아이들을 지원하는 것이다. 이전에 지역아동센터를 운영할 때 자격 조건에 미달되거나 주소지가 달라서 지원을 받을 수 없는 경우를 많이 경험했기 때문이다. 수급 조건에서 재산이 단 1원만 높아도 지원 대상에서 제외된다.

고등학교 때부터 배달 아르바이트로 집안의 생계를 책임졌던, 이제 스무 살이 된 어떤 청년은 오토바이를 타고 가다 자동차 추돌 사고를 당하게 되었다. 사고로 오토바이가 많이 망가졌지만 차주는 보험 처리를 해주지 않겠다고 해서 그 청년은 생계 수단인 오토바이를 수리할 수 없었다. 오토바이 수리비가 160만 원이나 나왔기 때문이다. 소송을 통해 수리비를 받을 수 있지만 1년 이상 걸린다는 말에 절망할 수밖에 없었다. 보험 처리를 하면 보험료가 인상되는 것 때문에 그런지 모르겠지만 차주는 보험 처리를 해주지 않았고 이 갓 스무 살 청년은 생계가 막막해졌다. 이 청년이 도움을 받을 수 있는 곳은 어디인가? 비록 스무 살이지만 이 딱한 사정을 듣고 이 청년을 도와달라고 요청한 선생님이 있었고 우리는 오토바이 수리비를 지원해주었다. 공공에서 지원할 수 없는 이른바 사각지대를 찾아내고 지원하는 것은 민간이 가장 잘 할 수 있는 일이다. 모든 지원을 공공에서 하게 된다면 그것도 문제라고 생각한다.

지역교육네트워크

직원들과 자주 나누는 이야기가 있다. 선생님들의 요청은 웬만하면 되는 방향으로 해보자는 것이다. 선생님들이 누구인가? 아이들을 돌보고 함께 생활하는 헝겊원숭이들이 아닌가? 그분들이 필요하다고 하는 것은 100% 아이들에게 도움이 되는 일이다. 그러니 웬만하면 해야 할 일이 된다. 물론 가끔은 크게 고민하지 않고 신청을 하는 분들도 있다. 중복해서 지원 신청을 하는 것이다. 이미 반찬 배달을 받고 있는데 주말 특식도 신청하고 용돈 장학금도 신청하는 것이다. 이런 식의 지원은 아이들을 망칠 수도 있다. 아이들은 고마워하지 않고 도움을 당연하게 여기고 때로 귀찮아하게 된다. 이럴 때는 추천하신 선생님에게 전화를 걸어서 상황을 파악해본다. 초등학생 동생과 중학생 형이 동시에 지원 신청을 하는 경우 선생님들과 의논해서 조정을 하기도 한다. 이런 조정이 가능하려면 협의할 수 있는 소통 공간이 있어야 한다는 것이다.

지역사회의 한 아이에 대해 입체적인 그림을 그릴 수 있는 소통 공간을 우리는 네트워크(그물망)라고 한다. 어떤 분들은 네트워크라고 하면 다단계 판매 업체라고 오해하시는 분들도 있다. 어찌 보면 아이들을 위해 다단계처럼 많은 사람들을 끌어들여 교육 프로그램, 후원, 자원봉사, 물품 지원의 시스템을 만드는 것이니 다단계 사업이라고 할 수도 있을 것 같다. 헝겊원숭이운동본부와 함께하는 민관학 기관은 무려 89곳이다. 여기에 개인 자원봉사자와 강사, 기초 학습 멘토들까지 엄청난 수의 사람이 움직이고 있는 것이다. 이것이 아이들이 행복한 세상 ― 헝겊원숭이 세상이다. 네트워크 회의는 대략 한 달에 한 번 정도 한다. 어떻게 지내는지 근황도 나누고 대부분은 아이들에 대한 이야기를 한다. 최근 이슈에 대해 서로 이야기하면서 우리가 할 수 있는 것이 무엇인지에 대해 논의한다.

예를 들어 코로나19 시기 가장 큰 이슈는 성 문제였다. 아이들이 아무래도 휴대폰으로 게임을 하고 영상을 보는 시간이 늘어나다 보니 성 관련 콘텐츠에 노출이 되기 쉬웠을 것이다. 2022년 헝겊원숭이운동본부에 지역 학교 시설에서 단연코 많았던 것이 성교육 요청이었다. 학교에서는 연초에 성교육 예산을 미리 책정해 놓았지만 예산이 소진되어 더 이상 교육을 할 수 없어 우리에게 요청을 한 것이다. 지역의 성교육 전문 기관인 탁틴내일 활동가 선생님과 이야기를 하다 보니 학교나 지역아동센터의 상황은 생각보다 심각하였다.

아이들의 상황이 심각한 것이 아니라 교육의 내용이 심각했다. 성 관련 문제가 벌어지면 무조건 성폭력 예방 교육을 하다 보니 아이들이 성교육이라고 하면 지긋지긋해 한다는 것이다. 활동가 선생님조차 성폭력 예방 교육 요청만 들어와 흥미가 떨어질 정도라고 하니 그 교육을 듣는 아이들은 오죽하겠는가. 아이들이 호기심으로 보는 영상에서 얻는 다양한 정보에 대해 판단할 수 있는 미디어 리터러시 교육과 더불어

본질적인 측면에서 사람 사이의 올바른 관계를 정립할 수 있는 길잡이 교육이 필요하다고 의견을 모았다. 그래서 만들어진 프로그램이 'ㅁ프로젝트'다. 하나의 교육 프로그램을 만들 때 지역의 상황과 아이들의 욕구에 기반한 선생님들과 강사님들의 노력으로 나오는 것이다.

'지역교육네트워크 행복마을링'은 지역의 아이들의 욕구에 기반을 둔 교육 프로그램을 기반으로 성장한 지역 교육 플랫폼이다. 2017년 청소년 전용 공간과 시설이 없는 구도심의 아이들을 위해 마을에서 배우고 성장하는 프로그램을 만들어보자는 취지였다. 학교에서 적응이 힘들고 소극적인 아이들이 할 수 있는 공예 프로그램과 헬멧도 쓰지 않고 브레이크 없는 자전거를 타고 질주하는 아이들을 위한 자전거 동아리가 그 출발이었다. 때마침 삼성꿈장학재단의 지원을 받아 매년 실무자 선생님들의 노고와 강사님들의 노력으로 현재는 공예, 자전거를 비롯해 합창, 길고양이 보호, 봉사, 연극, 미술, 난타 등 16개가 넘는 청소년 프로그램으로 성장하게 되었다.

거기에 각기 다른 학교와 센터의 아이들이 함께 참여하는 연합 동아리와 연합 활동이 있다. 연합 활동 중에서 가장 대표적인 것이 행복마을 잔치다. 행복마을 잔치는 청소년들이 그동안 마을에서 배운 다양한 재능을 펼쳐 보이며 마을에 기여하는 축제 마당이다. 2017년 돗자리 2개를 펴놓고 시작한 것이 2019년에는 300명이 넘는 마을 사람들이 참여해 성황을 이루다 코로나19 동안 잠시 주춤했지만 2022년 다시 아이들의 성장을 확인할 수 있는 장이 되었다. 행복마을링 사업의 가장 큰 특징은 아이들의 성장 목표를 두고 학교와 기관, 마을이 함께 노력한다는 것이다. 참여하는 강사들도 실무자 선생님들과 함께 아이들의 성장에 대해 고민하고 프로그램의 발전을 위해 애쓰며 교강사들도 함께 성장하기 위해 노력한다.

띄움 프로젝트 '한번밀어줘'

헝겊원숭이운동본부의 사업 중에 코로나 때문에 아이들에 대한 긴급 지원 사업은 늘어났는데 정작 아이들의 미래를 준비하는 사업이 없다는 것을 알게 되었다. 그래서 2022년 하반기부터 새로 시작한 사업이 띄움 프로젝트 '한번밀어줘'다. 아이들이 하고 싶은 프로젝트를 말 그대로 한번 밀어주는 사업이다. 부모님이 지원할 수 있는 아이들도 많지만 그렇지 못한 아이들도 있기 때문이다. 집안이 어렵다는 것을 아는 아이들은 자신이 흥미를 가지고 있는 것에 대한 시도를 애써 하지 않는다. 왜냐하면 기회가 없다고 생각하기 때문이다. 내가 만일 잘 선택하지 않으면 우리 부모님이 경제적으로 감당하기 어려울지도 모른다고 생각하는 것이다. 아이들은 생각보다 사려 깊어서 집안 형편을 고려한다. 그래서 마련한 것이 한번밀어줘라. 실패를 하더라도 걱정 없이 한번 도전해보는 기회를 아이들에게 주고 싶었다. 제일 먼저 지원 요청이 온 곳은 부천이었다. 아이들은 카페 디저트 과정을 등록하고 싶어 한다고 했다. 그 아이들은 그 전에 바리스타 과정을 통과한 아이들이었다. 계획서를 받고 면접을 보았다. 아이들은 몹시 당황했다. 왜냐하면 의외의 질문을 받았기 때문이다.

"왜 우리가 너에게 이런 지원을 해야 한다고 생각하니?"

"후원자님에게 너에게 지원해야 하는 이유를 어떻게 설명하면 좋을까?"

아이들은 당황했다. 지원해줄 필요가 없다고 답한 아이들도 있었다. 왜 이리 힘든 질문을 아이들에게 하냐고 묻는다면 아이들이 세상에 나가면 만날 현실이기 때문이다. 뭘 배우려고 결심하는 것으로만 지원받을 수 없다. 나에게 지원을 해 주면 세상에 어떤 도움이 생길지 또는 지원하는 자신이 어떤 보람을 느끼게 될지 설명해야 한다. 면접이 끝나고 나서 아이들은 추천한 선생님에게 "면접 망했다"며 떨어질 것 같다고 했다 한다. 우리는 아이들을 조건부로 지원하기로 했다. 디저트를 만들어서 다른 센터 친구들이나 선생님들에게 봉사 활동을 하는 것을 조건으로 했다. 지원을 받는 아이들은 이 기회가 온 것이 하늘에서 떨어진 공짜가 아니라는 것을 알아야 한다. 많은 아이들이 정부에서 지원받는 것이나 후원금을 공짜라고 알고 있는 경우가 많다. 그래서 주어진 기회를 가벼이 여기는 일도 생긴다. 생색내는 것은 아니지만 이 기회는 누군가의 희생 혹은 기여를 통해서 만들어졌다는 것을 아이들에게 명확히 알려줘야 한다. 그래야 자신에게 주어진 기회가 얼마나 소중한 것인지 알게 된다.

아이들은 마땅히 미래를 위해 지원받을 권리가 있지만 지원해주는 사람의 호의에 대해 감사할 줄도 알아야 한다고 생각한다. 감사할 줄 아는 것은 아이를 성장시키는 일이다. 지원받는 것이 부끄러운 일이 아니듯이 지원해준 사람에게 감사해 하는 것은 마땅한 일이다. 언제부턴가 우리는 수혜를 받는 사람들과 시혜를 베푸는 사람들이라는 구도를 악하다고 생각한다. 물론 시혜를 베푸는 사람들이 갑질하는 태도를 옹호하는 것은 아니다. 수급권자는 권리를 가지고 있고 세금으로 지원을 하기 때문에 남을 도울 필요가 없다고 생각하게 되었다. 감사해 하는 일은 뭔가 비굴한 일이라고 여기는 분위기 있다. 도움이 필요한 사람이 도움을 요청하는 일은 부끄러운 일이 아니고 도움을 베푸는 사람은 선행을 베푸는 것이다. 이렇게 생각할 수는 없는가?

밥먹고놀자 식당의 아이들은 당당하게 밥을 먹고 필요한 것이 있으면 요청한다. 나 대신 누군가 비용을 내줬다고 설명하기 때문에 고객으로서의 자세를 유지한다. 하지만 대신 비용을 내준 분들이 바라는 것을 약간은 지키려고 애쓴다. 친구들과 싸우지 않기, 서로 배려하고 돕기, 이런 미덕들을 지키려고 한다. 우리가 아이들에게 알려주어야 할 것은 이런 것이라고 생각한다

두 번째 지원을 받은 아이는 고2가 되는 상우다. 상우를 처음 만난 것은 중학교 2학년 때였다. 3남매 중 막내였던 상우는 늦둥이였다. 공부도 잘하고 자전거도 열심히 타던 상우는 모범생이고 성실했다. 집이 어렵다고 생각하지 않았는데 제주도 여행 갈 때 달랑 만원을 용돈으로 받아왔다. 다른 아이들은 제주도 간다고 다들 몇 만 원씩은 가져왔는데 상우는 별 불만도 없다. 형과 누나를 뒷바라지하느라 부모님이 여력

이 없으신 것 같았다. 고등학교 가서 공부를 열심히 하는데 성적이 잘 나오지 않는다고 걱정을 하던 상우는 인터넷 강의를 듣고 싶어 했다. 상우 엄마는 뒷바라지를 못 해줘서 미안하다면서, "좋은 학원을 보내주지 못하는 가정 형편 때문에 아이는 열심히 하는데 성적이 오르지 않는 것 같다"고 하신다. 상우의 사정을 알게 된 것은 반찬 배달 봉사를 하는 윤훈희 선생님 덕분이었다. 선생님은 산본 중심 상가에 스터디 카페를 개업하면서 자리가 필요한 청소년에게 제공해주고 싶다고 하셨다. 그때 떠오른 아이가 상우였다. 우선 3개월 동안 이용할 수 있게 해주셨는데 상우가 얼마나 열심히 하는지 연장해주셨다고 한다.

"상우야! 이번엔 니가 한 거다. 선생님이 해준 게 아니고 니가 한 거야."

윤 선생님에 따르면 상우는 매일 3시간 이상 와서 공부를 한다고 했다. 상우에게 한번밀어줘 프로젝트를 이야기해주고 만일 후원자를 설득하면 지원받을 수 있다고 했다. 상우는 해보겠다고 했다. 아는 수학 학원 원장님께 전화를 할까 궁리를 하고 있는데 우리를 지원해주시는 (주)주하에서 프로젝트에 참여하고 싶다고 하셨다. 상우와 면담을 하는 날, 대표이사님과 직원 두 분이 오셔서 상우를 만났다. 사전에 신청서를 제출한 상태였고 두 분은 자세히 읽어보셨다. 각오도 들어보고 장래 희망도 물어보았다. 상우는 긴장하지 않고 차분하게 잘 대답을 했다. 면접을 마치고 집에 가는 길에 문자를 받았다.

"이사장님, 우리 상우(저도 지분이 있겠죠?) 학습비 이체했습니다. 상우를 위해 기도하겠습니다. 잘 부탁드립니다."

그 지분 이야기는 사실 내가 상우에게 한 얘기였다. 우리 헝겊원숭이는 좋은 어른 되기를 목표로 한다. 좋은 어른들은 아이들에게 지분이 있는 어른이다. 내가 밀어주고 도와주고 지원해준 아이들이 있다는 말이다. 상우는 바로 등록을 하고 열심히 공부를 하고 있을 것이다. 밥놀 식당에 들를 때마다 "열심히 하냐?" 하고 물으며 간식을 챙겨준다. 아이는 좋은 어른들이 만들어준 스터디 카페에서 또 다른 좋은 어른들이 만들어준 인터넷 강의를 들으며 보잘것없지만 소소하게 내가 챙겨준 간식을 먹으며 공부할 것이다.

너른품과 청소년 봉사단 틴

2020년 코로나19로 학교가 문을 닫고 집에 혼자 있는 아이들이 늘어나면서 2021년까지 지속적으로 반찬 배달이 필요한 아이들도 크게 늘어났다. 당시 푸드트럭에서 도시락을 받는 아이들이 7,80명, 주중에 반찬 배달이 50명, 주말 도시락이 60명이었다. 2020년 부모님과 함께하는 청소년 봉사단 너른품을 처음 모집한 것은 주말 반찬 배달 때문이었다. 청소년과 부모님이 한 팀이 되어 봉사를 하는 프로그램으로 1기 너른품에는 열 개 팀이 모집되었다. 대부분 중학생이었던 봉사단 아이들은 사전 교육과 반찬 메뉴 구성 그리고 6회에 걸친 반찬 만들기와 배달을 부모님과 함께 잘 해냈다. 음식 만들기부터 포장, 배달까지 모든 과정을 해야 하기에 결코 쉬운 활동이 아니었음에도 봉사 활동의 만족도는 무척 높았다. 다음번에 참여하고 싶다는 아이들이 많았다. 아이와 함께 봉사하면서 관계가 좋아졌다는 아빠도 있었고 엄마와 매주 배달을 하니 데이트하는 기분이라는 아이도 있었다.

그 후 2021년 3월과 4월에 다시 모집을 했다. 1차 때 다시 오겠다는 아이들이 역시 다시 신청을 했다. 5월부터는 다행히 도시락 업체에서 후원을 받아 배달을 하게 되었는데 지속적으로 봉사 신청을 하는 아이들이 있는 것이다. 한 기수가 두 달 동안 매주 토요일에 배달했다. 아이들은 주말을 반납하고 봉사를 하러 왔다. 심지어 6개월간 계속 신청한 아이도 있었다. 처음에는 학교 봉사 시간 때문에 봉사를 왔나 했는데 봉사 시간과 상관없이 봉사를 하는 아이들이 있었다. 봉사를 좋아하는 중학생이라니 언뜻 연결이 되지 않았다. 하지만 그 단서는 아이들이 작성한 봉사 일지에서 찾을 수 있었다.

'이렇게 어려운 이웃이 우리 지역에 있는지 몰랐다. 어려움을 당한 이웃을 돕는 사람들이 있다는 것을 생각하니 나중에 혹시 내가 어려운 일을 당해도 누군가 나를 도와줄 것이라는 생각이 들었다'(중학교 1학년 남학생).

'늦잠을 자고 싶은 마음이 있지만 도시락을 기다리고 있을 아이들을 생각하고 잠을 떨치고 집을 나왔다'(중학교 2학년 여학생).

'선생님이 아르바이트생이 된 것처럼 도시락을 흔들지 말고 배달해야 한다고 했던 말을 기억하고 쏟아지지 않게 도시락을 조심스럽게 배달했다. 도시락을 받고 좋아하는 소리가 들렸을 때 뿌듯했다.'(고등학교 3학년 여학생).

아이들은 의무로 하는 봉사가 아니라 나름의 의미를 찾으며 봉사 활동을 하고 있는 것이었다. 이웃에 대한 연대, 배려하는 마음, 봉사 후의 보람 등 아이들은 봉사 활동을 통해서 성장하고 있음을 알 수 있었다. 그 아이들에게 청소년 봉사단을 제안했고 열 명의 아이들이 응답했다. 공감과 나눔 활동을 통해 스스로 배우고 성장하는 게 목표인 청소년 봉사단 틴은 이렇게 시작되었다.

에필로그

2012년 기쁨지역아동센터장이 되면서 다니던 대학원을 휴학했다가 9월에 복학을 했다. 복학을 하고 들었던 첫 강의 교수님이 나보고 핑크빛 복지 세상이 가능한 것처럼 꿈꾸는 듯 보인다고 하셨다. 지금 생각해보면 교수님이 보기에 내가 팔자 좋아서 나이 먹고 대학원 다니는 사람으로 보였던 것 같다. 그 말을 듣고 내가 진짜 그런 생각을 하고 있나 생각해보았다. 당시 영화나 드라마보다 더한 상황들을 날마다 목도하면서 과연 저 아이가 세상에 나가면 잘 살아갈 수 있을지 하루에도 수십 번 한숨을 쉬고 속으로 눈물을 삼켰다. 그래도 도울 방법이 있을 거라고 믿으며 나는 희망을 버리지 않았다. 핑크빛 세상이 아니라는 건 안다. 정글보다 더 철저한 약육강식의 세상은 달라질 기미도 보이지 않고, 또 뛰어넘기 힘든 벽도 엄연하다는 걸 모르는 바도 아닌데 나는 이 아이들에게 어떤 희망을 말할 수 있을까? 나는 과연 무슨 근거로 희망을 꿈꾸는가? 이런 고민을 날마다 했던 것 같다.

놀랍게도 그 고민의 답을 찾을 수 있었다. 나는 10년 전보다 확실한 희망을 꿈꾸게 되었다. 그때와는 다른 함께하는 희망이다. 희망의 근거는 헝겊원숭이운동본부다. 헝겊원숭이운동본부를 만들면서 나는 많은 좋은 어른들을 만났다. 그리고 좋은 어른들을 만나면서 변화하고 성장하는 아이들을 보았다. 처음에 대학원에서 공부를 시작할 때는 아이들이 공부를 해서 대학을 갈 수 있도록 진로와 학습 부진 문제에 대해 관심을 갖고 공부를 했다. 그 후에 교육 나눔 꿈두레에서 나와 같은 고민을 가진 선생님들을 만났고 큰 위로와 힘을 얻었다. 나는 아이들과 함께 하겠다고 다짐했다. 비빌 언덕 하나 없는 매정한 세상이지만 작은 비빌 언덕 하나 되어주자고 마음먹었다. 그리고 헝겊원숭이운동을 시작하면서 벌써 많은 어른들이 아이들의 비빌 언덕과 울타리가 되어주고 있는 것을 보고 있다. 한 아이도 포기하지 않으려면 온 마을의 어른들이 헝겊원숭이가 되어야 한다. 온 마을의 어른들을 헝겊원숭이가 된다면 아동청소년 정책은 달라질 것이다. 아이들은 의견을 낼 수 없지만 아이들을 대변하는 헝겊원숭이들이 목소리를 낼 테니 말이다. 내 꿈은 200만 명의 헝겊원숭이이다. 헝겊원숭이 세상을 꿈꾸며 아이들이 행복하고 안전한 세상을 만들어간다.

1. 헝겊원숭이가 뭔가요?

1-1. 헝겊원숭이─인형 만드는 곳이냐구요?

헝겊원숭이 운동은 지역아동센터 선생님들의 모임인 꿈두레에서 시작되었다. 2013년 성남 함께여는청소년학교 지역아동센터 오일화 선생님의 제안으로 돌봄 교사들의 쉼과 배움을 위한 교사 학교로 교육 나눔 꿈두레는 출발하였다. 교사 학교에서 기획된 교육 과정의 첫 강의 제목이 바로 '바보야, 문제는 헝겊원숭이야'였다. 헝겊원숭이는 이 강의의 강사였던 김진경 선생님이 쓰신 책『유령에게 말 걸기』중 한 챕터의 내용에서 온 것이다. 헝겊원숭이는 1950년대 미국의 심리학자 해리 할로우 박사의 애착 실험에서 등장한 것으로 이 실험은 엄마 잃은 새끼 원숭이가 헝겊원숭이와 젖병이 달린

철사 원숭이 중 어느 쪽을 선택하는지 알아보는 것이었다.

당시 사람들은 젖병이 달려 있는 철사 원숭이 쪽으로 새끼 원숭이가 갈 거라고 생각했지만 새끼 원숭이는 헝겊원숭이에게 달라붙어 있었다. 심지어 고개를 내밀어 젖병의 우유를 먹으면서도 헝겊원숭이의 품을 벗어나지 않았다. 당시 사람들은 아이들이 부모를 사랑하는 이유는 물질적인 지원을 해주기 때문이라고 생각했는데 이 실험은 정반대의 결과를 보여주었다. 정서적인 교감과 포근한 접촉 즉 따뜻한 관계에 대한 욕구가 영장류에게 얼마나 근원적인지 알려주었다. 『유령에게 말 걸기』에서 김진경 선생님은 90년대 이후 우리 아이들에게서 나타난 다양한 문제의 원인으로 헝겊원숭이들이 사라진 것을 제시하고 있다. 여기서 헝겊원숭이란 부모를 대신해서 아이들의 울타리가 되어주는 어른들을 말한다.

전교조 해직 교사였던 김진경 선생님은 복직 이후 아이들의 변화에 대해 몹시 당황했다고 한다. 이른바 ADHD(주의력결핍 과잉행동장애), 왕따, 학교 폭력, 교실 붕괴가 시작된 시점이 그 시절이다. 선생님이라고 존경하는 아이들은 찾아볼 수 없었고 이 이전 세대들이 상상할 수 없던 행동을 아이들은 서슴없이 했다. 김진경 선생님 말고도 복직했던 교사들은 아이들이 그 이전 세대와 달라진 점에 대해 힘들어 했고 어떤 교사들은 심리 상담을 받기도 했다. 아이들을 사랑했던 선생님들이 이토록 힘들었던 아이들의 변화, 그 이유는 무엇일까? 책에서 김진경 선생님은 교육 생태계의 변화를 이야기한다.

1-2. 교육 생태계

2000년대부터 급격하게 늘어난 것이 ADHD이다. 한 교실에서 ADHD 진단을 받은 아이들이 거의 10%에 이르는 경우도 있다고 하니 수업이 제대로 이루어지기 힘든 수준이었을 것이다. 지역아동센터에서도 ADHD 진단을 받은 아이들은 흔히 볼 수 있고 약을 지속적으로 먹는 경우도 많다. 하지만 약은 그 증상을 잠시 멈추게 할 뿐 치료제가 아니다. 수업을 진행하기 위해 아이를 잠시 동안 기운을 빼놓는 정도이다. 갑자기 이렇게 ADHD가 증가하게 된 것은 어떤 이유일까? 나의 어린 시절을 생각해보면 한 반에 70명 이상이 콩나물 시루처럼 앉아서 공부를 했어도 이런 문제는 없었다.

'왕따'라는 것도 1990년대 이후에 새롭게 생겨난 용어다. 왜 우리 아이들은 이러한 문제를 보이는 것일까? 정부는 교실 붕괴나 학교 폭력을 해결하기 위해 관리를 강조하고 처벌과 분리 정책을 통해 극복해보려고 애를 써보지만 문제는 점점 더 심해졌다. 산업화가 가속화되면서 마을에서 혹은 가정에서 아이들에게 헝겊원숭이와 같은 역할을 해 주던 사람들이 점점 사라졌다. 부모님 대신 아이들을 돌보아주고 관심을 가져주었던 관계가 점차 없어졌던 것이다. 아프리카 속담처럼 한 아이를 키우려면 한 마을이 필요한 것인데 우리에게 마을이 사라져 버린 것이다.

이전에는 부모가 바빠 아이와 애착을 형성하지 못해도 조부모나 이웃, 친구들을 통해 충분하지는 않지만 정서적 지지 체계가 존재했었다. 하지만 산업화가 가속되고 마을 공동체, 가족공동체가 사라지고 핵가족화되면서 더 이상 이런 관계는 아이들이 성장하는 교육 생태계 속에서 찾아보기 힘들어졌다. 물질적으로는 그 이전 세대보다 풍요로워졌지만 아이들에게 다양한 문제들이 나타나기 시작했다. 김진경 선생님은 아이들에게 나타나는 문제의 원인이 무엇인가 수년간 고민한 끝에 단서를 헝겊원숭이와 같은 존재가 사라진 교육 생태계에서 찾게 되었다.

여기서 헝겊원숭이 같은 존재는 다양한 이유로 부재중인 부모를 대신하여 정서적인 지지를 해주고 롤 모델이 되어 주며 때로는 물질적인 지원을 하는 어른들을 말한다. 이런 어른들이 지역사회에 늘어날 때 교육 생태계는 회복되는 것이다. 자연 생태계가 파괴되면 생물들이 제대로 자라지 못하는 것처럼 교육 생태계도 우리 아이들의 성장에 막대한 영향을 끼치는 것이다. 이렇게 시작된 것이 헝겊원숭이운동이다.

또 하나의 연구가 있다. 카우아이섬 종단 연구는 1955년 하와이의 카우아이섬에서 30년간 진행된 연구로 800명의 아이들의 삶을 몇 년 단위로 추적하면서 관찰한 연구다. 그중 201명의 아이들은 특히 고위험군으로 분류되는 가정의 아이들로 연구자들은 이 아이들이 성인이 되면 사회 부적응자로 자랄 것이라고 예측했다. 하지만 그중 72명의 아이들은 일반 가정의 아이들보다 더 훌륭하게 성장하였다. 연구자들은 어떤 요인 때문에 아이들이 이렇게 잘 자랄 수 있었는가를 연구하기 시작했고 그들은 아이들에게 한 가지 공통점을 발견하였다. 그것은 부모를 대신해서 그 아이를 믿어주고 힘이 되어준 한 명 이상의 어른의 존재였다. 이혼 가정, 빈곤, 알코올중독, 정신 질환을 가지고 있어 아이들을 제대로 돌볼 수 없는 부모 대신 조부모, 이웃, 친척, 교사, 성직자들이 아이들에게 헝겊원숭이가 되어준 것이었다. 헝겊원숭이운동은 좋은 어른 되기 운동이다. 부모님 말고도 믿을 수 있는 어른들, 어른다운 어른들이 아이 주변에 많아져야 한다. 그런 환경이 만들어질 때 우리 아이들은 안심하고 마을에서 배우고 자라날 수 있을 것이다. 지금 우리에게 필요한 것은 한 사람의 헝겊원숭이다. 모든 어른들이 헝겊원숭이가 되고자 할 때 비로소 우리 아이들은 자신들을 위한 마을을 만나게 될 것이다.

1-3. 좋은 어른 되기 운동

'바보야, 문제는 헝겊원숭이야' 강의를 듣고 나서 꿈두레에서는 헝겊원숭이를 어떻게 더 확장할 수 있을지에 대해 많은 토론을 나누었다. 그리고 헝겊원숭이운동을 위해 헝겊원숭이운동본부를 구상했다. 누가 좋은 어른인가? 좋은 어른이란 것은 어찌 보면 참으로 애매한 표현이다. 좋다(good)의 기준이 무엇인가? 초반에 헝겊원숭이운동본부 발대식에 모인 분들이 나에게 이제 무엇을 해야 하냐고 물어보았을 때 사실 구체적인 내용이 없었다. 초반에 헝겊원숭이는 아이들이 있는 기관이나 시설에 청년 선생님들을 파견해주자는 의견이 있었다. 지역아동센터나 아동청소년 기관에서는 언제나 손이 모자란다. 아이들의 다양한 욕구에 부응해줄 수 있는 교강사, 자원봉사자, 멘토가 필요하다. 그래서 경제적으로 여유가 있으나 직접 아이들과 함께할 수 없는 어른들이 십시일반 기금을 마련하여 전국에 1만 명의 청년헝겊원숭이를 파견하자는 제안을 김진경 선생님이 해주셨다. 실제로 이 사업은 청년 일하기 사업이라는 이름으로 지역아동센터에 청년들을 파견하는 사업으로 실현되기도 했다.

하지만 이러한 사업은 일시적인 사업이 될 수밖에 없었다. 헝겊원숭이는 아이들과 가까운 곳에서 만날 수 있는 어른이어야 한다. 아이들이 놀고 배우고 성장하는 마을 안에 존재해야 한다는 뜻이다. 그 역할은 누가 해야 하는가? 반드시 청년일 필요는 없다고 생각했다. 아이들이 잘 자랐으면 하는 마음을 가지고 있는 사람이라면 누구나 가능하지 않을까? 우리 마을의 아이들을 우리 마을 어른들이 책임질 수 있다면 교육 생태계를 되살리는 일을 지금 당장 시작할 수 있을 것 같았다.

헝겊원숭이운동본부에서 생각하는 좋은 어른은 다음과 같은 덕목을 가진 어른이다. 첫 번째, 좋은 어른은 우리 마을의 아이들에 대한 관심이 있는 어른이다. 결식 아동청소년이 아직도 있냐며 요즘 밥 굶는 사람은 없다고들 생각한다. 하지만 방학이 되면 밥을 제대로 챙겨 먹지 못하는 아이들은 찾기 쉽다. 군포에서 학교복지사 선생님들이 학교급식이 없는 방학에 밥을 제대로 먹지 못하는 아이들을 위해 인스턴트 식품 키트 지원을 요청해서 그러한 상황을 알게 되었다. 하지만 관심을 가지는 사람은 거의 없다. 정부에서 주는 급식 카드가 있으니 해결됐다고 믿었다. 하지만 대상이 되지 않는 사각지대 아이들이 훨씬 더 많다. 코로나 때 학교가 문을 닫으면서 이 상황은 더 심각해졌다. 온라인 수업을 할 노트북도 심지어 책상도 없이 밥상을 펴놓고 하루 종일 공부하는 아이들이 있다. 밥 차려 먹을 시간이 없어 점심밥은 생각할 수도 없다. 손주를 돌보시는 동네 할머니들의 이야기를 들으니 자칫 시간을 못 맞추면 밥 먹을 시간 없다며 안 먹는다고 한다. 그러니 혼자서 어떻게 아이들이 밥을 챙겨 먹겠는가? 하지만 이러한 아이들의 사정을 알고 있는 어른들은 많지 않다.

두 번째, 좋은 어른은 참여하는 어른이다. 시간을 내어 아이들을 위한 활동에 나서고 시간이 없으면 물질적인 후원이라도 하는 어른이다. 참여해보면 아이들의 현실에 더 관심을 가질 수 있고 아이들의 필요를 알게 되기 때문에 아이들에게 안전하고 행복한 세상이 어떤 것인지 알 수 있게 된다. 우리 아이들이 어떻게 지내고 있는지, 무엇을 먹고 있는지, 또 어떤 어려움이 있는지 관심 있는 어른들이 필요하다. 흔히 정치적인 영향력을 가지고 있는 사람을 '빅마우스'라고 한다. 큰 입을 가진 사람들의 말은 잘 먹힌다. 사회적인 파급력이 있다는 말이다. 하지만 사회적인 약자들이 자신의 목소리를 내는 것은 힘들다. 좋은 어른들은 아이들에게 관심을 가지고 그들의 이야기를 대변해주어야 한다. 아이들의 정책에 관심을 가지고 그것이 아이들에게 좋은 영향을 미칠 것인지를 판단하고 대변해야 한다.

세 번째, 헝겊원숭이의 관심은 우리 마을 아이들에게 있다. 우리 마을의 아이들이 잘 지내는 것이 헝겊원숭이들의 일차 목적이다. 모든 아이들이 건강하고 안전하게 잘 자라길 바라지만, 그러기 위해서라도 먼저 우리 마을의 아이들에게 관심을 먼저 두기로 한다. 푸드트럭을 3년간 운영했지만 민원이 들어온 적이 한번도 없었다. 공원에 계시는 할머니들은 '아이들 밥 먹이는 날'이라며 사업을 모르는 분들께 설명을 해주기도 하셨고 지역 주민들이 지나가면서 "수고하신다"는 인사를 하거나 커피를 사다 주시는 일도 종종 있었다. 이런 작은 참여가 우리 아이들이 행복한 세상을 만들기 위한 것이다. 모든 어른들이 아이들이 안전하고 행복하게 자라는 마을을 만들기 위해 노력한다면 이 세상은 우리 아이들에게 훨씬 살기 좋은 곳이 될 것이다.

2. 헝겊원숭이의 생각

2-1. 모든 생명의 성장에는 반드시 돌봄이 필요하다

아이들을 잘 지켜보기만 하면 자라는가? '아이를 돌본다'는 말을 흔히 쓴다. 아시다시피 지켜보기만 하는 것은 아이를 돌보는 것이 아니다. 누군가를 돌본다는 말은 지켜본다는 말이 아니라 끊임없는 상호작용을 필요로 하는 것이다. 아이를 잘 관찰해서 그의 필요를 채워주어야 하는데 그 필요라는 것은 기본적인 식의주와 관계되는 것도 있지만 정서적인 것도 있다. 예를 들어 아이를 돌볼 때 아이가 먹고, 입고, 자는 것을 원활하게 할 수 있도록 도움을 주고 교육을 받을 수 있도록 해주는 일이 가장 기본적인 돌봄이 될 수 있겠지만 그것만으로 돌봄이 모두 설명되지 않는다. 바로 상호작용, 즉 돌봄은 돌봄을 제공받고 제공하는 사람 사이의 관계가 중요한 노동이기 때문이다. 정서적인 필요는 흔히 있으면 좋고 없으면 할 수 없는 영역으로 간주되고 있다. 하지만 아이가 성장하는 데 있어서 정서적인 돌봄은 반드시 필요한 요소이다.

경제적 활동을 하느라 마음의 여유가 없는 부모는 아이의 삶에 어떤 영향을 주고 있을까? 맞벌이를 하지 않으면 경제적으로 힘겨운 시대. 부모들이 돈 벌러 나간 사이에 아이들은 어떻게 지내고 있을까? 밥먹고놀자 식당에 오는 철수는 초등학교 3학년이다. 철수의 아빠는 건축 일을 하시는데 새벽 4시 30분에 집을 나선다고 한다. 엄마의 출근 시간은 8시 30분이다. 엄마와 함께 아침을 먹고 등교하는 철수는 부모님이 퇴근하기 전까지 혼자 지낸다. 엄마의 퇴근 시간이 9시가 넘다 보니 철수는 방과 후에 태권도 학원을 마치고서도 한참 동안 혼자 지내야 한다. 철수의 부모님이 이렇게 열심히 일하는 이유는 철수와 행복하게 살기 위함이지만 현재 철수는 매일 심심하다. 푸드트럭에 자주 오던 현이는 더 심한 경우였다.

부모님 이혼 후 아빠와 살게 된 현이는 초등학교 2학년이었다. 아침에 일어나면 식탁 위에 카드 한 장이 놓여 있다. 현이는 혼자서 하루를 살아가야 한다. 코로나로 푸드트럭을 못 하게 되어 아이들에게 안부 전화를 했을 때, 현이는 지금 자기에게 필요한 것은 '집(가정)'이라고 답했다. 현이가 필요한 것은 누군가의 돌봄이었을 것이다.

2-2. 모든 생명의 성장에는 반드시 배움이 필요하다.

아이는 태어나자마자 배우지 않으면 살아갈 수 없다. 배움이 곧 생존의 기반이 된다. 배가 고프거나 기저귀가 젖으면 울어야 한다. 자신을 돌봐주는 사람과 눈을 맞추며 교감하는 법도 배운다. 뒤집기도 연습하고 배밀이도 있는 힘을 다해 익힌다. 일어나서 걷기까지, '엄마'라는 한마디를 말하기까지 아이는 계속 배워야 한다. 하지만 이런 배움이 있으려면 나를 돌봐주는 사람과의 관계가 중요하다. 그 사람과의 신뢰가 없으면 아이의 배움은 시작되지 않는다. 이러한 과정 속에서 아이는 나를 돌봐주는 존재에 대한 믿음이 생기고 이를 통해 관계를 형성한다. 이 관계를 통해서 세상을 배워간다.

민수는 초등학교를 입학한 후 한동안 수업을 거부했다. 학교 선생님은 부모 상담하는 날 아이 엄마에게 이렇게 말했다.

"어머니! 아이가 수업을 거부하고 있어요. 책도 꺼내지 않고 아무것도 하지 않아요."

아이는 수년간 학교에 적응을 하지 못하고 대안학교로 전학을 가게 되었다. 그 후부터 기숙사가 있는 대안학교에 다니게 되었는데 학교를 졸업한 후 엄마에게 이런 이야기를 했다고 한다.

"초등학교 입학했을 때는 한 가지 생각밖에 안 났어. 그냥 엄마랑 같이 있고 싶었어. 공부고 뭐고 선생님이 의무교육이라고 공부 안 하면 안 된다고 했는데 그냥 다 싫었던 것 같아.

근데 그때 하도 엄마에게 붙어 있어서 이제는 떨어져도 괜찮은가 봐."

어떤 이유로 아이가 그렇게 불안함을 느끼게 되었는지 알 수 없지만 신뢰 관계가 형성되지 않으면 아이는 배움을 계속할 수 없다. 아이는 돌봄을 통해 얻은 신뢰와 안정감을 통해 성장할 수 있는 것이다.

2-3 모든 아이들은 헝겊원숭이와 같은 존재가 필요하다.

사랑과 배려와 돌봄을 받고 싶은 아이들의 마음에 공감해주는 어른이 헝겊원숭이다. 이런 관계의 형성은 아이들뿐 아니라 어른들에게도 꼭 필요한 것이다. 1990년대 이후 아이들에게 다양하게 나타나는 문제의 원인이 헝겊원숭이의 부재에서 시작되었다면 이제 어른들이 나서서 헝겊원숭이가 되어줘야 한다. 바쁜 부모를 대신해 아이들에게 밥 한 끼 챙겨먹이고 이야기를 들어주며 믿고 응원해주는 게 필요하다.

경수의 엄마는 결혼 이민자였다. 경수의 아빠와 엄마는 경수가 아주 어릴 때 이혼했다. 그 후 경수는 아빠를 본 적이 없다. 경수의 누나는 나이 차이가 꽤 났는데 밖으로만 돌았다. 엄마도 밤낮으로 일하느라 경수는 늘 혼자였다. 경수는 매일 누나에게 맞으며 살았다고 한다. 어느 날 만난 멘토 선생님은 경수에게 아주 특별한 사람이 되었다. 경수의 이야기를 들어주고 경수에게 여러 가지를 알려주었다. 식사 예절도 모르고 외식이라고 오므라이스밖에 먹어 본 적이 없는 경수는 멘토 선생님과 다양한 음식을 먹으며 이야기를 나누었다. 경수가 자전거를 타고 싶다고 하자 멘토 선생님은 남편의 타지 않는 자전거를 가져다주었다. 하루는 멘토 선생님 집에 초대를 해서 함께 식사를 하기도 했다. 어느 날 경수는 멘토 선생님에게 이렇게 말했다고 한다.

"선생님, 저도 선생님처럼 살고 싶어요. 어떻게 하면 그렇게 될 수 있을까요? 저는 공부를 잘 못 하는데 요리를 해보면 어떨까요?"

꿈이 없던 경수는 선생님처럼 살고 싶은 꿈이 생겼다. 멘토 선생님은 경수에게 롤 모델이 되어준 것이다.

3. 아이들에게 필요한 것

— 아동청소년의 건강한 정서적 발달과 성장을 위한 세 가지 경험[●]

● 백광흠, 『헝겊원숭이멘토성장학교 자료집』(헝겊원숭이운동본부, 2019) 8쪽.

3-1. 안아주기―내 모습 그대로 받아들여진다는 것

다른 사람과 깊이 연결되는 경험은 아이들의 성장에 매우 중요한 경험이다. "아동기에 누군가와 사랑으로 깊이 연결되는 것은 아동이 긍정적인 자존감을 발달시키는 데 필수적인 요소다. 이런 연결이 반드시 부모와 이루어져야만 하는 것은 아니다. 조부모, 부모, 형제, 아이와 충분한 시간을 함께할 수 있는 사람과 이루어진다."●

나 자신의 모습 그대로 받아들여질 때 즉 타인이 나를 이해하고 공감하고 인정할 때 나는 잘 성장할 수 있는 것이다. 하지만 그렇지 않은 경우도 있다.

영희 엄마는 영희에게 한 가지 불만이 있었다. 그것은 바로 영희가 아들이 아니라 딸이라는 점이었다. 첫아들을 낳고 싶었던 영희 엄마는 영희가 딸인 것이 못내 아쉬웠다고 한다. "니가 아들이어야 했어." 영희는 엄마가 이 말을 할 때마다 절망했다. 영희는 절대 아들이 될 수 없기 때문이다. 그냥 있는 그대로의 모습으로 나를 받아들여주면 참 좋을 텐데 엄마는 그러지 않았다. 영희는 매사에 자신감이 없는 아이였다고 어린 시절을 기억한다. 학교에서 남들 앞에서 발표하는

● 같은 책 9쪽.

것도 힘들었고 친구들과의 관계에서도 왠지 주눅이 들었다. 어른이 된 영희는 이렇게 말했다.

"나다운 사람이 되는 것이 젤 좋은 일이라는 것을 어릴 때부터 알았으면 얼마나 좋았을까요?"

사랑이란 이름으로 아이를 통제하려고 하고 자기의 기준에 맞춰 바꾸려 하는 것은 엄밀히 말해서 학대다. 사실 자녀를 사랑해서라기보다는 어른들의 자기 불안인 경우가 더 많다. 아이는 점점 더 자신을 부정하게 되면서 동시에 사랑받으려고 한다. 하지만 스스로를 부정하면서 행복해질 수는 없다. 자신을 사랑하는 법을 배우지 못하고 다른 사람이 자신을 좌지우지하는 것을 허용한 아이는 다른 사람의 학대에 노출될 가능성이 커진다. 끊임없이 다른 사람에게 맞추려고 하다가 절망하게 될 수도 있다. 있는 모습 그대로 사랑해주고 인정해주고 받아주는 것이 안아주기다. 생명은 다양한 모습으로 드러난다. 어른들이 원하는 모습이 아니라고 해서 부정당하는 것은 부당하다. 아이는 제 모습 그대로 받아들여지는 경험을 통해서 자신을 긍정하게 되고 세상에서 살아갈 힘을 얻는다.

3-2. 반영해주기

아이는 부모의 거울이라는 말이 있다. 아이의 행동을 보면 부모가 어떤 사람인지가 드러난다는 뜻이다. 최 선생님이 지역아동센터에서 근무할 때 일이다. 식사를 마치고 정리를 하고 있는데 아직 식사 중인 옆방에서 어떤 아이의 목소리가 들렸다. "철수야! 음식 가지고 장난치면 안 돼. 아프리카에는 먹을 것이 없어 굶는 아이들이 얼마나 많은지 알아?" 그 소리를 듣고 최 선생님은 웃을 수밖에 없었다고 한다. 평상시에 최 선생님이 아이들에게 자주 하던 이야기였기 때문이다. 아이는 어른의 거울이 맞다. 정말 무섭고 정확한 거울이 된다. 하지만 이 글에서는 어른들이 아이들의 거울이 돼주어야 한다는 이야기를 하려고 한다.

아이가 처음으로 자신의 얼굴을 볼 수 있는 곳은 어디일까? 그곳은 바로 엄마의 눈동자라고 한다. 아이는 엄마의 눈에 비친 자신의 모습을 보는 것이다. 아이는 어떻게 자신에 대해 알게 될까? 나의 경우를 보면, 어린 시절 부모님 혹은 주변 사람들이 나에 대해 해준 이야기를 듣고 나에 대해 알게 되었다. "너는 엄마처럼 덜렁거리는구나", "우리 민이는 말을 참 잘해", "행동하는 것이 어쩜 아빠랑 같을까?". 아이의 행동에 대한 이런 반응을 통해 아이는 자신에 대한 지식을 가지게 되는 것이다. 내가 덜렁거리는지, 논리적으로 말을 하는지, 행동이 아빠를 닮았는지 알게 된 것은 모두 주변의 어른들이 말해주었기 때문이다.

사정상 부모님과 함께 살지 못하는 영지는 불안할 수밖에 없었다. 사춘기가 찾아오면서 아이는 불안정한 모습을 보여 선생님들을 걱정시키곤 했다. 한번은 친구와 몰래 엄마 집에서 큰돈을 가져다 써버려서 그 일로 상담을 받기도 했다. 어느 날 영지가 친구와 함께 만화를 그리는 모습을 보았다. 기상천외한 스토리를 지어 내는 것을 보고 영지에게 말했다.

"영지야, 너 나중에 드라마 작가 해라. 엄청 히트칠 것 같아."

당시 초등학교 6학년이었던 영지는 말도 안 되는 소리라며 웃었다. 중학생이 된 영지는 어느 날 학교 독후감 대회에서 상을 받았다.

"거봐, 너 소질 있다니까."

그래도 아이는 긴가민가한 표정이었다. 그 후에도 영지는 글쓰기 관련 상을 계속 받았다. 중학교 3학년 때는 최우수상을 받기에 이르렀다.

"우리 영지는 작가야, 작가."

영지는 그제야 자신이 글을 잘 쓴다는 것을 인정하기에 이르렀고 센터 행사 때마다 대본을 작성하기도 하면서 센터 공식 작가가 되었다. 영지는 책을 열심히 읽기 시작했다. 『파우스트』를 사흘 만에 다 읽기도 했다. 고등학교에 가서는 얼마나 공부를 열심히 했는지 대학을 세 군데나 합격했다. 지금 영지는 대학을 졸업하고 좋은 직장에 다니고 있다. 스스로의 가능성을 알게 되는 순간, 아이의 삶은 달라질 수 있다. 아이들은 어른들이 반영해주는 것을 통해 나를 찾아간다. 그렇다면 어떤 거울이 되어주어야 할까? 먼저 아이가 얼마나 사랑스러운 사람인지 비춰주어야 한다. 자신이 괜찮은 사람이라는 것을 아이들은 어른들의 반응을 통해 알게 된다. 그리고 앞으로 얼마나 가능성을 가진 존재인지 알려주어야 한다. 혹 아이가 마음에 들지 않는 행동을 하거나 선택을 했다 하더라도 가능성을 믿고 기대를 항상 보여주어야 한다. 그리고 아이의 행동에 대해 '반영적 경청'을 해주어야 한다. '반영적 경청'은 아이들의 이야기를 잘 듣고 리액션을 곁들여 다시 들려주는 것이다. 이 과정을 통해 아이들은 자신을 이해하고 자신의 행동과 선택을 객관적으로 바라보게 된다. 박쥐는 캄캄한 동굴 속에서 초음파를 쏘아 거리를 측정한다고 한다. 눈으로 볼 수는 없어도 동굴에서 무사히 비행할 수 있는 것처럼 아이들은 자신의 행동과 이야기에 타인이 보여주는 반응을 통해 자기를 발견하고 알아가는 것이다.

이러한 정보를 통해 나는 어떤 것을 잘하고 어떤 점이 부족한지 그리고 무엇을 좋아하는지, 그래서 나는 어떤 것을 해보고 싶은지 결정한다. 아이들이 성장한다는 것은 세상을 이해하고 자신을 이해하는 것이다. 이러한 과정을 통해 내가 무엇을 해야 할지 어떤 사람이 되어야 할지 결정을 한다. 진로 설정 혹은 직업 선택이라는 단어로는 다 담을 수 없는 많은 것이 이 과정에 담겨 있는 것이다. 무한한 가능성을 가진 아이들에게 이러한 어른들은 반드시 필요한 존재다. 그래서 아이들에게 '투자'하는 것은 '최첨단 미래산업'에 투자하는 것이다.

3-3. 울타리 되어주기

울타리가 되어준다는 것은 상대방을 지켜준다는 의미와 함께 적절한 한계를 설정해준다는 의미도 갖는다. 아이의 이야기를 친절하게 들어주고 필요를 채워주는 일은 어쩌면 쉬운 일이다. 아이와 부딪힐 일이 없기 때문이다. 하지만 아이를 지키고 적절한 한계를 알려주고 직면하게 하는 것은 힘든 일이다.

밥먹고놀자 식당에 오는 아이 중에 재민이(가명)가 있다.

초등학교 2학년이지만 자기 마음에 들지 않으면 친구건 형이건 마구 때리고 심한 욕을 쏟아낸다. 아빠와 사는 재민이는 나이에 비해 야생(?)에서 살아가느라 그런지 행동이 몹시 거칠었다. 식당에서 위험한 장난을 계속해서 결국 식당 최고의 패널티인 '식당 출입 금지'를 당했다. 아이는 나가라는 선생님의 말을 듣지 않고 계속해서 식당 안에 있었다. 학교에서도 교실에서도 아이는 그렇게 행동을 했을 것이다. 아마아이의 행동에 적잖이 당황하는 선생님들이 많았을 것이다. 그래서 부모님이 몇 번이나 학교로 불려갔다고 한다. 아이의 행동의 의미는 이 울타리가 어떤지 시험을 해보는 것이다. 아이는 그동안 꽤 많은 곳의 울타리를 무너뜨리는 데 성공했던 것 같다. 하지만 우리가 누구인가? 우리는 전혀 아이를 신경쓰지 않았다. 나중에 보니 재민이는 어느새 밖으로 나가고 없었다. 다른 아이들은 사람 좋은 키다리 샘이 재민이를 출입금지 시켰다는 것에 놀랐고 착하게도 재민이를 걱정했다. 물론 재민이는 다시 왔다. 아이는 식당 안으로 들어오지 못하고 자전거를 타고 밖을 빙빙 돈다. 밖에서 "선생님, 저 목말라요" 하며 나에게 도움을 청한다. 나는 물을 한 컵 주면서 재민이에게 말해주었다.

"이따가 키다리 샘 5시 넘어서 오실 거거든, 그때 키다리

샘한테 사과하고 다시 식당에 오게 해달라고 해.”

“거짓말이죠?”

“내가 왜 거짓말을 해.”

아이의 눈은 간절했다. 그때가 3시였는데 아이는 무려 두 시간을 기다렸다가 키다리 샘에게 사과하고 식당 출입을 허락받았다.

추석 지나고 식당에 온 아이들이 식당이 쉬는 동안 재민이가 저지른 잘못을 우리에게 고발하느라 여념이 없다. ‘놀이터에서 친구를 때리고 욕했다’, ‘그래서 그 친구가 엄청 울었다’. 하지만 재민이는 이제 식당에서 친구나 형들에게 욕을 하지 않는다. 선생님의 지시에 따른다. 무슨 일을 하기 전에 허락을 받는다. 울타리 안에서 살아가는 법을 배운 것이다. 밥먹고놀자 식당을 운영하면서 만나는 어떤 아이들은 울타리에 맞닥뜨렸을 때 그 울타리를 계속 흔들어본다. 그 아이들의 환경을 보면 부모님이 늦게까지 일하느라 대부분 아이 혼자 지내는 시간이 많은 아이들이다. 혼자서 지내다 보니 밥먹고놀자 식당의 규칙들이 불편한 것이다. 아무 규칙이 없는 상태를 아이들은 자유롭다고 느낄까? 그렇지 않다. 규칙을 이해하고 그 규칙을 활용할 수 있는 상태가 자유로운 것이다. 튼튼하고 안전한 울타리는 아이들에게 안정감을 준다. 흔들면 흔들리고 가끔은 무너져서 뛰어넘기 쉬운 울타리는 아이를 불안하게 하고 오히려 혼란을 준다. 아이들에게는 군건하게 버텨줄 수 있는 울타리와 어른이 필요하다.

얼마 전, 학교 수업 시간에 교탁 앞에서 누워서 핸드폰을 하는 중학생 영상이 보도되었다. 어른이 없는 사회를 단적으로 보여주는 장면이었다. 어른이 아이들에게 삶의 도리를 가르치는 것은 정당한 일이다. 아이들을 훈육하다가 아동 학대로 오해받을까 하는 두려움에 훈육까지 포기해버리는 상황은 없을까? 학교 폭력 처리 과정을 봐도 교육이나 훈육이 작동하는 부분은 거의 없어 보인다. 아이에 대해 애정을 가지고 올바른 길을 알려주는 어른이 없는 것이다. 아이에게 해야 할 도리를 알려주는 것이 아이를 보호하는 것이다. 누가 저 흔들리지 않는 돌담처럼 아이들을 위해 굳세게 버텨줄 것인가? 야누슈 코르착의 말처럼 우리 아이들은 사랑받고 존중받고 보호받아야 한다. 아이들은 그러한 권리를 가지고 있다. 사랑받고 존중받고 보호받은 아이들은 나중에 커서 다른 사람을 존중하고 아낄 줄 알며 사회에 이바지하는 사람으로 성장할 수 있다.

"마땅히 걸어야 할 그 길을 아이에게 가르쳐라. 그러면 늙어서도 그 길을 떠나지 않는다."(잠언)

4. 왜 청소년 나눔 활동이 필요한가?

4-1. 사람이 사람인 것은?

유발 하라리의 『사피엔스』를 보면 현생인류에게 일어난 두뇌 혁명이 있다고 한다. 바로 다른 사람의 처지를 나의 일처럼 공감하고 이 공감을 바탕으로 서로 연대할 수 있는 능력인데 이러한 특성이 현생인류를 살아남게 한 원동력이라고 한다. 흔히 우리는 "사람이 그럴 수는 없어", 이런 표현을 쓴다. 끔찍한 범죄를 저지르거나 무자비한 사람을 보고 하는 말이다. 그 말에는, 사람은 공감하는 것이 정상이고 그 공감을 기반으로 행동하는 것이 본질이라는 의미가 내포되어 있다. 이 현생인류가 가진 본질적 특징이 공감과 연대라면 지금 우리 사회는 여기서 많이 멀어져 있다고 생각된다.

2014년에 송파 세 모녀 사건이 있었고, 2022년 수원에서는 난치병을 견디며 생활고에 시달리던 세 모녀가 같은 선택을 했다. 송파 세 모녀 사건이 벌어지고 동네마다 주변의 어려운 이웃을 알려달라는 현수막이 내걸리고 기초생활보장법이 개정되었지만 코로나19로 힘들어진 상황에서 또다시 비극은 일어나고 말았다. 미디어에서 보도되는 너무 많은 사건 사고는 우리의 감각을 무디게 하고 책임을 회피할 수 있는 빌미를 준다. 사건이 일어났을 때는 언론이며 사회가 들끓지만 결국 얼마 지나지 않아 잠잠해진다. 이러한 현상은 비단 우리나라의 문제가 아니고 전 세계적인 문제이다.

철학자 제레미 리프킨은 이렇게 말했다. "인류가 직면한 가장 중요한 문제는 이것이다. 우리는 문명이 붕괴하고, 지구가 살릴 수 없는 지경이 되기 전에 전 지구적 공감을 이끌어낼 수 있을까?"● 다른 사람에 공감하기보다는 증오와 혐오는 일상이 되고 있으며 언론과 소셜미디어는 이를 통해 막대한 수익을 창출하기까지 한다. 인류를 살렸던 공감과 친절이 이제는 인류에게 남아 있지 않은 걸까? 하지만 우리는 사람이 살 만한 세상이 만들기 위해서 공감과 친절을 키워야 함을 알고 있다.

4-2. 어른이 아이에게 진정으로 바라는 것

부모들은 아이의 성적에 목을 맨다. 공부를 잘하길 바라는 것이다. 그래서 학원에도 보내고 공부만 잘하면 다소 친절하지 않거나 집안일을 돕지 않아도 상관없다. 강남 학원가에서는 할아버지 생신이라고 학원 수업을 빼는 것은 허락

● 자밀 자키, 『공감은 지능이다』(심심, 2021) 24쪽.

받을 수 없다. 어른들은 왜 성적에 이리도 목을 매는 것일까? 그것은 좋은 대학에 가야 하기 때문이다. 그런데 좋은 대학에는 왜 가야 하나? 그래야 좋은 직장에 들어갈 수 있기 때문이다. 좋은 직장에 들어가야 여유로운 생활을 할 수 있고 그래야 아이의 삶이 힘들지 않을 테니 말이다. 결국 부모들이 아이의 성적에 목을 매는 이유는 아이가 행복하길 바라기 때문이다. 자신의 욕망 때문에 아이들이 좋은 대학을 가고 좋은 직장을 갖고 남들 보기에 좋은 결혼을 하는 것을 바라는 부모님은 없다고 믿고 싶다. 그런데 많은 어른들이 이 결론을 잊어버리고 아이에게 공부만 강조하다 보니 아이들은 이유도 모르고 부모님을 원망하기도 한다. 부모들이 아이에게 가장 바라는 것은 바로 행복하게 사는 것이다. 그런데 행복한 삶의 조건은 무엇인가? 그것은 다른 사람들과의 관계일 것이다. 다른 사람의 마음에 공감하고 함께 울고 웃으며 살아가는 것, 섬처럼 혼자이던 인류가 함께하는 존재가 되었던 것처럼 말이다. 아이들에게 가장 필요한 것은 존중받고 사랑받고 보호받는 것이다. 이렇게 자란 아이들은 다른 사람은 존중하고 아끼는 방법을 배우고 사회에 이바지하는 사람으로 성장한다.•

4-3. 공감과 나눔을 배운 아이들이 바꾸는 세상을 꿈꾸며

아이들의 성장은 대략 세 단계로 구분해볼 수 있을 것이다. 처음에는 품음의 단계이다. 어미 새가 알을 품듯이 아이들에게 기본적인 돌봄과 지원을 해주는 것이다. 먹거리, 보호, 기초 학습 교육 등 세상을 살아갈 수 있는 아이가 되도록 도와주는 것이다. 두 번째는 돋움 단계다. 돋워준다는 것은 아이들에게 새로운 자극과 기회를 주는 일이다. 스스로 세상을 살아갈 수 있는 준비하는 단계인데 예체능 교육, 상담, 진로 탐색, 여행, 대회 참가 등의 다양한 자극과 더불어 나눔 교육, 봉사 활동 등을 통해 함께 살아가는 법을 배우는 단계이다. 세 번째는 띄움 단계다. 띄운다는 것은 배를 바다에 띄운다, 할 때 쓰는 표현이다. 아이들이 세상을 향해 멋지게 나갈 수 있도록 밀어주는 것이다. 한두 번 실패해도 세상을 향해 도전할 수 있도록 든든하게 뒤를 받쳐주는 것이다. 첫 번째와 두 번째 단계가 부족해서는 세상을 향해 힘차게 나갈 수 없다. 특히 돋움 단계에서 나눔 활동과 봉사 활동은 함께 세상을 살아가기 위한 필수적인 요소다. 세상에서 부는 바람이 아무리 매서워도 당당하게 살아갈 우리 아이들을 위해 필요

● 야누슈 코르착, 『야누슈 코르착의 아이들』(양철북, 2002) 14쪽.

한 것을 준비하는 것은 어른들의 임무다.

저자의 말

아이들과 함께 하는 일을 한 지 어느덧 18년이 되어 갑니다. 이 일을 하면서 가장 좋은 점을 꼽자면 아이들은 사랑받는다고 느끼면 편견 없이 사랑을 준다는 것을 알게 된 점입니다. 어른들은 다른 사람을 대할 때 외모나 재산, 학력으로 평가하지만 아이들은 그저 자기를 어떻게 대하는지로 판단합니다. 내가 사랑을 주면 아이들은 나를 사랑해줍니다. 사랑은 어떤 대가 없이 상대가 행복하길 바라는 마음입니다. 단순하게 아이들에게 관심을 갖고 사랑해주는 어른들이 더 많아졌으면 하고 바라는 마음으로 책을 쓰기로 마음먹었습니다. 책을 읽은 사람들이 아이들에게 관심을 가지고 "좋은 어른이 되고 싶다"는 마음이 들었으면 합니다. 그래서 아이들이 안전하고 행복한 세상을 만드는 데 작은 기여를 할 수 있다면 더 바랄 것이 없습니다.

아이들과 재밌게 놀 수 있는 법을 세상에서 가장 많이 알고 계신 전 유치원 원장 우리 엄마, 지금도 엄마인 나를 친구처럼 대해주고 냉정하게 평가해주는 우리 3남매, 회식을 가도 아이들 이야기만 하는 우리 헝겊원숭이운동본부 식구들, 남은 평생 은혜를 갚아야 하는 오일화 선생님과 교육 나눔 꿈두레 수도권 제1순환도로 동지들, 책을 써보라고 몇 년간 말씀해주신 오철수 선생님, 군포에서 아이들을 위해 함께 밤낮으로 애썼던 선생님들 그리고 전국에서 만난 수많은 헝겊원숭이들께 이 책을 바칩니다.

2023년 8월

김보민

애들아, 밥 먹고 놀자

초판 1쇄 발행 2023년 8월 31일

지은이 김보민
펴낸이 황규관

펴낸곳 (주)삶창
출판등록 2010년 11월 30일 제2010-000168호
주소 04149 서울시 마포구 대흥로 84-6, 302호
전화 02-848-3097
팩스 02-848-3094
전자우편 samchang06@samchang.or.kr

인쇄 성광인쇄